아이들의 우주

가와이 하야오 지음
김 유 숙 옮김

학지사

河合隼雄 著

子どもの宇宙

岩 波 新 書

KODOMO NO UCHU(아이들의 우주)
by Hayao Kawai

아이들의 우주

올 한해는 내게 있어서 여러 가지 귀중한 체험을 할 수 있
었던 한 해였습니다. 그중에도 한달에 한두 번씩 교토(京都)
를 오가며 가와이 하야오 선생님에게 아이들의 마음을 다룰
때, 알아야 할 여러 가지 조언을 들을 수 있었던 기회는 참으
로 소중한 것이었습니다. 이러한 경험을 통하여 나 역시 심리
치료자로 좀더 성장할 수 있었다고 생각합니다.

가와이 하야오 선생님은 융심리학자로 일본에서는 학계뿐
아니라 일반인에게도 널리 알려진 분입니다. 왜냐하면 선생
님은 상당히 많은 저서를 가지고 계셔서 일본인들은 책을 통
해 쉽게 선생님과 만날 수 있었기 때문입니다. 일본을 오가면
서 선생님께서 최근 발표하신 많은 책들과 접하면서 인간의
심층에 감춰진 사실들을 명쾌하게 표현해주시는 선생님의 저
서를 한국에도 알리고 싶다는 욕심이 생겼습니다. 이 뜻을 선
생님께 전하자, 선생님께서는 조금 오래된 책이기는 하지만
'이 책도 한번 읽어보라'고 주신 것이 바로 『아이들의 우주』입
니다. 나는 이 책을 통하여 돌아오는 비행기 속에서 그동안
잊고 지내던 나의 우주를 발견할 수 있었습니다.

많은 사람들이 읽고 아이들의 우주는 물론 자신들의 우주
도 발견했으면 하는 바람으로 이번 여름 이 책의 번역에 많은

시간을 쏟았습니다. 역자로서 저자의 뜻을 충실히 전하려고 노력해왔는데 그러한 노력이 결실을 맺어, 이 책을 읽은 독자들이 아이들의 우주에서 보내는 작은 소리에 민감할 수 있었으면 합니다.

이 책이 번역될 수 있도록 보이지 않는 곳에서 격려해준 많은 분들이 계십니다. 우선, 그분들께 감사드리고 특히 편집과 원고교정 등 직접적인 도움을 준 두 제자, 박현주양과 김인아양에게도 고마운 마음을 전합니다.

1997년 2월
태능골에서

한국의 독자에게…

이 책이 김유숙 교수의 번역에 의하여 한국의 여러분에게
읽혀지게 된 것을 상당히 기쁘게 생각합니다. 본인의 책인
『모래상자 놀이치료 입문』, 『마음의 처방전』이 이미 한국어로
번역되어 있어 이 책이 한국독자와 만나는 3번째의 책입니
다. 모래상자 놀이치료라는 용어가 생소한 사람이 많다고 생
각되는데, 이것은 스위스의 심리학자가 고안한 심리치료의
하나입니다. 한국에서는 아직 많이 알려져 있지는 않습니다
만, 실은 역자인 김유숙 교수와 나는 이 치료기법의 연구를
통하여 서로 알게 되었습니다.

이 책은 아이들에 대하여 쓰여진 것입니다. 나는-그리고
역자인 김유숙 교수도-자신의 일 속에서 아이들과 만나는 경
우가 많습니다. 야뇨증, 틱, 말더듬이 등으로 고통받는 아이
나 도벽, 거짓말, 주위산만 등으로 다른 사람에게 폐를 끼치
는 아이도 있습니다. 그러나 이러한 아이들과 시간을 가지고
천천히 만나보면 사실은 그 아이들도 여러 가지 가능성을 그
내부에 몰래 숨기고 있다는 사실을 알게 되었습니다. 그러한
가능성이 잘 살려지지 않기 때문에 이 아이들은 고민하거나
다른 사람에게 폐를 끼치고 있다는 생각이 듭니다.

일본에서는 입시라는 것이 큰 사회문제가 되고 있습니다.

어떻게 해서든지 좋은 대학에 입학하는 것이 행복하게 되는 길이라고 생각하여, 부모는 자신의 자녀를 입시전쟁에서 성공시키려고 열심입니다. 그 때문에 아이들에게 공부라는 것이 상당한 짐이 되어 어쩔 줄 모릅니다. 공부하는 것은 좋은 일입니다. 그렇지만 입시와 같은 형태를 띤 공부만 하는 것은 결코 바람직하다고 생각하지 않습니다. 이러한 짐이 일본의 어린이의 가능성을 박탈해버리고 있는 것은 아닌가요?

한국에서는 어떻습니까? 일본과 비슷한 상황이 벌어지고 있지는 않습니까?

이 책은 아이들이 얼마나 넓고 깊은 가능성을 가지고 있는가를 알아줬으면 하는 바람을 가지고 쓴 것입니다. 나는 '아이들 속에는 우주가 있다'는 말에서 그것을 표현하였습니다.

어린이의 우주의 풍부함을 우리에게 잘 알려주는 것으로서 아동문학이 있습니다. 그리고 이 책에서는 여러 아동문학의 명작을 소개하였습니다. 이 책들이 한국에서는 얼마나 소개되었는지요? 여기에서 언급한 것은 세계의 아동문학 중에서도 명작이 많기 때문에 여러분은 잘 알고 있지 않을까 생각합니다.

어린이의 우주에 대해 언급하는 것은 사실은 어른의 우주에 대해 말하고 있는 것이 됩니다. 우리 어른은 외적 현실-지위나 재산 등-에 마음을 빼앗겨, 자신의 마음 속에 있는 풍부함을 잊어버리는 경우가 종종 있습니다. 그렇기 때문에 본인은 이 책이 어린이에 대해서 말하고 있지만, 그대로 어른의 삶의 문제에도 연결되어 있다고 생각하고 있습니다. 아동문학은 어린이를 위한 문학이 아니라, 어린이도 어른도 함께 읽어서 가치있는 문학이라고 본인은 생각하고 있습니다. 이 책을 통하여 한국에서 아동문학을 좋아하는 어른의 숫자가 늘어간다면 참으로 기쁜 일입니다. 그리고 언젠가 한국의 아동문학도 읽어볼 생각입니다.

이 책을 번역해주고 한국과의 교량역할을 해준 김유숙교수와 출판을 맡아준 학지사 김진환 사장님에게 마음으로부터 감사를 전하며, 이 책이 조금이라도 한국의 여러분이 아이들을 이해하는 데 도움이 된다면 그보다 기쁜 일은 없다고 생각하고 있습니다.

1996년 9월
河合隼雄

차 례···

이야기를 시작하며

⚉ 아이들 속의 우주

이 넓고 넓은 우주 속에 아이들이 존재한다. 이것은 틀림없는 사실이다. 그러나 그 아이들 각자가 우주를 품고 있다는 사실을 사람들은 알고 있는 것일까? 아이들 속의 우주는 무한한 넓이와 깊이를 가지고 존재한다. 어른들은 아이들의 왜소한 모습에 현혹되어, 그들이 가진 광대한 우주의 존재는 잊어버리고 만다. 오히려 어른들은 작은 아이들을 하루빨리 어른이 되게 하려고 안달한 나머지 어린이 속에 있는 광대한 우주를 왜곡하거나, 회복이 곤란할 정도로 파괴해버리기도 한다. 어른들은 종종 이렇게 무서운 일을 [교육]이나 [지도], 또는 [선의]라는 이름으로 포장하고 있기 때문에, 더욱 더 견딜 수 없다는 느낌이 든다.

문득 어른이 된다는 것이 어린이가 가진 이러한 멋진 우주의 존재를 조금씩 잊어가는 과정은 아닌지 하는 생각마저 든다. 그렇다면 그것은 너무나도 재미없는 일이 아닌가?

㉰ 우주에서의 발신

　어린이의 맑은 눈은 이러한 우주를 곁눈질하지 않고 똑바로 보면서 매일매일 새로운 발견을 하고 있다. 그러나 아이들이 이러한 우주의 발견에 대해 어른들에게 별로 이야기해주지 않는다는 사실은 안타까운 일이다. 이는 무심코 그런 것을 말해버리면 그들의 세계를 이해하지 못하는 어른들이 자신의 우주를 파괴할지도 모른다는 사실을 어렴풋이 알고 있기 때문일 게다. 그러나 어린이의 우주에서 보내는 발신에 귀를 기울여주는 어른을 발견한다면, 아이들은 활기찬 목소리로 그들의 발견에 대하여 말할 것이다.

하느님

야마시다 미치꼬

하느님은 기쁜 일도
슬픈 일도 모두 보고 있어요.
이 세상에
모두 좋은 사람만 있다면
하느님도 싫증이 날 게 분명해요
하느님이
영리한 사람도 바보 같은 사람도 만드는 건,
심심할까봐 그러는 거예요.

이것은 초등학교 1학년 아이의 시다. 미치꼬의 우주에 존재하는 하느님은 얼마나 멋진 하느님인가? 나는 이 시를 현대 세계에서 정의를 위해서는 전쟁도 불사할 수밖에 없다고 큰소리치는 많은 원초주의자들에게 들려주고 싶다. 그들의 신이 어깨에는 잔뜩 힘을 주고 치켜올리며 눈을 부릅뜬 성난 얼굴로 정의를 위해서는 많은 사람을 학살하는 것도 불가피하다고 역설하고 있을 때, 미치꼬 속에 있는 우주의 신은 완전한 자연체로서 세상에는 여러 가지가 있어도 좋지 않느냐는 여유로운 태도를 보이고 있다. 미치꼬는 초등학교 1학년답게 세상에는 왜 기쁜 일만 있지 않고 슬픈 일이 일어나며, 착한 사람만이 아니라 나쁜 사람도 있는 것일까라고 곰곰이 생각한 나머지 자신 속의 우주에 존재하는 이와 같은 신의 모습을 발견한 것일 게다.

이러한 시를 읽으며 '재미있으니까 우리 아이에게도 만들어 보게 해야지' 하고 시켜보아도 잘된다는 보장은 없다. 좋은 시가 만들어지기 위해서는 어디까지나 아이들의 우주와 함께 열려 있는 교사의 태도라는 토양이 필요하다는 사실을 잊어서는 안 된다.

또 다른 어린이의 시를 들어보자. 초등학교 2학년 아이의 시다.

어 른

나가야 미노루

누군가 사람이 오면
나를 보고
〔참 컸구나〕
〔지금 몇 학년?〕
〔벌써 3학년〕
〔참 빠르구나
얼마 전에 1학년이라고
생각했는데〕
라고 하면서 머리를 쓰다듬어 준다
어른은
모두 똑같은 말을 한다

　아이들은 그 속에 무한한 우주를 가지고 있는데, 어른들은
이는 전혀 깨닫지 못하고 〔모두 똑같은 말을 한다〕. 〔컸구나〕
라는 말과 함께 머리를 쓰다듬는 어른은 어린이와 〔대화〕를
했다고 생각하거나, 〔귀여워해줬다〕고 생각할 것이다. 그러나
그렇지 않다. 어린이는 어른을 유심히 관찰하여 그런 고정관
념들을 꿰뚫어보는 것이다. 아이들은 사리분명한 시각으로
확실하게 세계를 보고 있다.

🕲 평범한 것

아이들의 시가 너무 근사해 많은 사람들이 읽어주기를 바라는 마음에서 어떤 잡지에·「직업, 연령을 불문하고 누구든 한번 읽어보라고 권하고 싶은 책」이라는 제목으로 어린이의 시집에 관해 쓴 적이 있었다. 나한테 심리치료를 받으러 오던 성인환자가 그 잡지를 읽고 이렇게 말했다.

〔그래도, 그건 평범한 거죠?〕

이 말은 내 가슴에 강하게 와 닿았다. 그것은 내가 그 책을 가능한 한 많은 사람이 읽어주었으면 한다고 강조하고 있지만, 그 내용은 그저 평범한 것에 지나지 않는다는 의미를 담고 있기 때문이다. 나는 〔그 평범한 일조차 모르고 있는 사람이 너무나 많군요〕라고 대답하였다. 이 책을 쓰면서 이런 에피소드가 금방 마음에 떠올랐다. 왜냐하면, 그것은 이 책을 어떤 식으로 쓸 것인가, 도대체 무엇을 쓸 것인가라는 점에서 참으로 많은 반성을 하게 해주기 때문이다.

🕲 비통한 외침

나는 심리치료를 통하여 많은 어린이와 어른을 만났으며, 심리치료를 하고 있는 사람을 지도하는 슈퍼비전도 오랜 세월에 걸쳐 해왔다. 그동안 나는 이러한 우주를 억압당한 아이들의 비통한 외침을 들을 수 있었다. 또한 어른들의 경우에도 어릴 적에 자신의 우주가 얼마나 많이 파괴되었는지, 그리고 그것을 회복하는 것이 얼마나 힘든지를 호소하는 내용들로 넘치고 있었다. 그들이 지르는 비통한 외침이나 구원을 호소하는 소리는 전혀 무시되거나, 오히려 문제가 있다는 판단 아래 어른들로부터 강한 압력을 받는 것으로 끝나버린다. 이 책을 쓰려는 나의 중요한 동기는 이와 같은 우주의 존재를 분명히 밝혀 그와 같은 파괴를 사전에 방지하고 싶다는 것이 전부이다.

☺ 우주를 이야기하는 것의 어려움

그런데 내가 추천한 어린이의 시가 평범하다고 말한 사람은 무엇을 말하고 싶었던 걸까? 처음에 〔아이들 속에 우주가 있다〕고 언급하였다. 또한 우주는 상상할 수 없을 만큼 넓은 것이다. 우리 집 정원도 〔우주〕의 일부지만, 억만년의 저편에 존재하는 별 역시 〔우주〕의 일부이다. 우주에 대해 이야기하는 나 자신의 극히 일상적인 생활도 따지고 보면 모두 우주 이야기의 일부임에는 틀림이 없는 사실이지만, 그것이 〔우주〕를 이야기하는 것이라고 주장한다면 너무나 우스꽝스러운 일이 될 것이다. 아이들 마음 속의 우주는 너무나 넓어서 어떤 것에 관하여 얼만큼 이야기할 것인가, 그것이 얼마나 설득력이 있은 논리로 전개될 수 있는가라는 사실에 대하여 좀처럼 자신을 가질 수 없다.

어린이의 시집이 평범하다고 말한 사람은 자신의 체험을 통해 어린이의 우주가 좀더 넓고 굉장하다는 사실을 이미 알고 있었으며, 나 역시 그것을 알고 있으면서도 왜 그런 평범한 것이 담겨 있는 책을 많은 사람에게 추천하는가라는 심정에서 말했을 것이다. 나는 평범한 인간이다. 단지 평범하면서도, 조금은 평범하지 않은 것도 알고 있는 인간으로서 심리치료를 하고 있는데, 이러한 평범하지 않은 것을 일반 사람에게 이해시키기란 꽤 어려운 일이다. 게다가 〔아이들의 우주〕라는 점에 관해서는 그 평범한 사실조차도 알지 못하는 사람이 너무나 많기 때문에, 그러한 사실을 알리는 것만으로도 충분하다는 느낌이 들었다.

그래도 우주 같은 커다란 제목을 붙인 이상, 조금은 평범하지 않은 것도 말하지 않으면 안 된다고 생각한다. 단지, 이런 종류의 이야기에 타인의 이해를 얻기란 쉬운 일이 아니다. 이해하기 어려운 것을 이해시키는 능력이 내게 어느 정도 있는가를 반문해보지만 솔직히 자신은 없다. 단지 한번 열심히 노력해보려고 한다. 다행히 아동문학에서 아이들의 우주에 대하여 근사하게 기술하고 있는 것을 발견할 수 있었고, 또한 최근에는 아동 심리치료의 상담사례도 상당히 발표되어 있어서 많은 소재를 제공받을 수 있었다. 이러한 것을 이용하여 어떻게든 이 장대한 작업에 한번 도전해 보겠다. 결국에는 평범한 이야기가 되어버릴지도 모른다는 예감도 들지만, 이 점에 대하여서는 독자의 판단에 맡긴다.

🐚 어른이 된다는 것

앞서도 언급했듯이 어른이 된다는 것은 어린 시절에 가졌던 멋진 우주의 존재를 잊어버리는 것이 아닌가 한다. 실제 우리 어른들도 그 안에 각각 우주를 가지고 있다. 단지 어른들은 눈 앞의 현실, 즉 월급이 어느 정도인가라든가, 어떻게 하면 출세할까 따위에 마음을 빼앗겨 자신 속의 우주는 잊어버리고 있는 것이다. 그리고 잊고 있는 우주의 존재를 인식하는 것에 상당한 공포나 불안을 느끼기도 한다.

어른은 그러한 불안이 엄습해 오는 것이 두려워 이를 피하기 위해 어린이의 우주를 무시하거나 그것을 파괴해 버리려는지도 모르겠다. 그러나 그 반대로 우리가 아이들이 가진 우주의 존재에 대하여 알고자 노력한다면 자기 자신의 우주에 대해 잃어버린 기억을 되살리거나 새로운 발견을 할 수도 있다. 어린이의 우주로 향한 탐색은 자연히 자기세계에 대한 탐색과도 연결되는 것이다. 이러한 점에 대해서도 고려해가면서, 아이들의 우주에 대하여 생각해보도록 하자.

I. 어린이와 가족

— 『클로디아의 비밀』 중에서

별

하라 히로시

별님이
하나 나왔다
아버지가
돌아온다

☺ 두 개의 별

이 시를 지은 하라 히로시군은 두 살이다. 이 짧은 시는
히로시와 아버지의 관계, 그리고 히로시가 가진 우주 공간
의 넓이를 잘 묘사하고 있다. 두 살박이 소년 히로시에게
있어서 아버지는 하늘에 반짝이며 나타나는 별이며, 그리
고 아마 아버지에게도 히로시는 희망의 별일 것이다. 두 개
의 별은 우주 속에서 서로 반짝이며 교신을 하고 있다. 이
시를 읽으며 아마 자신도 모르게 미소를 띄우게 되는 사람
이 많을 것이다.

☺ 가족의 의미

그러나 가족이 언제나 이와 같은 관계에 있다고 말할 수
는 없다. 피를 나눈 사람으로 한 지붕 아래 살면서도, 서로
가 서로를 미워하거나 깊은 원한의 감정을 가지고 있는 경

우도 있다. 또는 서로 사랑하지만 증오의 감정이 용솟음치는 것을 어떻게 막을 수 없는 경우도 있다. 아마 인간이라는 존재는 마음의 성숙을 추구하기 위해서는 일반적으로 부정적인 평가를 받는 증오나 분노, 슬픔 따위의 감정을 경험할 필요가 있나보다. 무엇보다 가족은 이러한 감정들을 체험해가면서도 관계를 끊을 수 없는 인간관계라는 점에서 큰 의미를 가지는 것이 아닐까? 어른들은 어린이가 그러한 경험을 한다는 사실을 어느 정도 아는 것이 필요하다. 왜냐하면, 어른의 공감이 지나치게 적으면 어른과 어린이 사이의 끈은 끊어지고 말기 때문이다. 부모가 자녀의 마음을 그대로 이해하는 것은 불가능에 가깝지만, 그래도 조금은 알고자 하는 노력은 해야 할 것이다.

1
미움받는 아이

🐚 주워왔다는 감정을 가진 어린이

종종 스스로 가족 내에서 미움받고 있다고 느끼는 어린이
가 있다. 가족 중에서 자신만 주워온 아이처럼 취급된다. 이
러한 감정이 조금씩 강해지면 자신은 정말 이 집 아이가 아닐
지 모른다는 상상으로 발전해버린다. 언제나 이러한 감정을
품고 있는 어린이도 있고, 어떤 시기에 특별히 이렇게 느끼는
경우도 있다. 이와 같은 감정은 부모가 아이를 어떻게 대하는
가 하는 것과는 관계없이 생겨나는 것으로 부모가 아이를 아
무리 귀여워해도 생겨나는 뜻밖의 감정이다. 즉, 어린이의 성
장과정에 있어서 어느 정도 필요하다고 말해도 좋은 감정인
것이다.

사랑해주는 부모와 살면서도 모두 자신을 싫어한다고 생각
하지 않을 수 없는 상황으로 점점 몰려가는 소녀의 모습을 정
확하게, 그리고 재미있게 묘사한 훌륭한 아동문학이 있다. 베
바리 크리어리의 『라모나와 어머니』가 그것이다. 잠시 내용을
따라가면서 미움받는 아이의 일을 생각해보자.

🐾 라모나집의 파티

주인공 라모나는 7세 반의 소녀이다. 아버지, 어머니, 언니인 비자스 4명이 한가족이다. 미국의 전형적인 평범한 가정에서 부모에게 많은 사랑을 받고 있었지만, 라모나는 고민이 끊이지 않았다. 우선 먼저 라모나의 집에서 열린 파티 이야기부터 소개하고자 한다.

파티에 초대된 사람 중에 겐푸부부가 라모나보다 나이 어린 자신의 딸 위라진을 데리고 오겠다고 통보한다. 이런 일은 미국에서 별로 없는 일이라 라모나 부모는 난처했지만, 아무튼 온다는 것을 거절할 수 없는 것은 미국도 마찬가지인 모양이다. 결국 라모나는 위라진을 돌보는 역을 맡게 된다. 어른들은 파티를 하고 언니 비자스는 손님 접대를 맡아서 파티 장소에 들낙거리고 있는 동안 라모나는 제멋대로 노는 위라진을 상대하며 부엌에 있어야만 했기 때문에 점점 심술이 나기 시작했다. 게다가 잠깐씩 부엌에 들어오는 엄마는 들어올 때마다, 라모나의 귀에 대고 [얌전하게 있어야 해!]라고 말하곤 했다.

['잘 하고 있잖아' 라고 라모나는 생각했습니다. 그러나 엄마는 손님접대로 바빴기 때문에 라모나가 열심히 잘 하고 있다는 것을 깨닫지 못했습니다]. 정말 어른은 제멋대로이다. 바빠서 잘 모르면서도 아직도 [얌전하게!]라고만 강요하고 있으니 참을 수가 없다.

그 후, 위라진은 라모나가 고민 끝에 생각해낸 선물인 고급 화장지를 한 장씩 뽑아서 늘어 놓으며 신나는 활극을 벌였는데 이 부분은 생략하도록 한다. 하여간 굉장한 파티가 끝나고 손님들이 돌아가기 시작했다. 그 때에 누군가 비자스를 보고 〔너는 아무래도 엄마를 꼭 닮았구나〕라고 말하자, 어머니는 〔네, 그래요. 이 아이가 없다면 정말 아무것도 할 수 없어요〕라고 부드럽게 답하였다. 라모나의 귀에도 이러한 대화내용이 들렸다. 게다가 어떤 손님이 위라진은 라모나의 어릴 때와 똑같다고 말하는 것도 들렸다.

라모나는 그날 밤, 침실의 거울 앞에서 자신의 얼굴을 비춰 보았다.

〔'왜 누구도 내게는 엄마를 꼭 닮았다고 말하지 않는 걸까?' 라고 라모나는 생각했습니다. 왜 엄마는 나한테는 '이 아이가 없으면 아무것도 할 수 없어요' 라고 말하지 않는 걸까?〕

라모나가 이런 생각들로 고민하며 잠들지 못하는 동안, 라모나 부모는 자신들이 아무 생각없이 한 말이나 행동이 사랑하는 딸의 마음에 얼마나 상처를 주었는지는 전혀 모르는 채, 파티의 피로로 세상모르고 잠들어 있었을 것이다. 부모는 자신들이 아이를 사랑하고 있다는 사실 하나만으로 지나치게 안심해버린 것이다. 아무리 사랑하고 있어도 그 사랑을 어떻게 전하는가라든지 더 나아가 사랑하고 있다는 사실에 집착하여 자신들이 하는 행동을 어린이가 어떻게 받아들이고 있는가를 알려고 노력하지 않는다면 부모로서 태만하다고 말하지 않을 수 없다.

🐾 아기취급 받긴 싫어

그리고 나서 한참 후, 어느 날 라모나는 엄마가 바느질하는 옆에서 자기도 뭔가 만들 작정으로 코끼리 인형인 코코의 바지를 만들어보려고 하였다. 어머니 옆에서 무언가 하면서 이야기도 나눌 수 있다는 것은 좀처럼 맛볼 수 없는 기쁨이었다. 라모나는 기분이 좋아져 그 분위기를 즐기면서도 중요한 사실을 물어보는 것을 잊지 않았다. 〔엄마, 나 어렸을 때 위라진 같았어?〕

바로 이런 점 때문에 아이들이 무서운 것이다. 아무 생각없이 던지는 질문 속에 상당히 중요한 의미가 숨겨져 있다. 이럴 때 바쁜 부모가 귀찮아하면서 대답하는 한마디가 어린이의 마음에 깊은 상처로 남게 된다. 라모나의 어머니는 〔너는 무척 상상력이 풍부한 활기찬 여자아이였단다. 그리고 지금도 그래〕라고 대답했기 때문에 라모나는 안심할 수 있었지만, 사실 이것도 만점짜리 답은 아니라는 것을 나중에 언급하기로 한다. 하여간 라모나는 엄마와 이야기를 하면서 바느질을 즐기고 있었는데, 차츰 코코에게 바지를 만들어주는 일이 자신에게는 아무래도 어렵다는 생각이 들었다. 그런데 이 때 엄마는 좀더 쉬운 것을 만들라고 권했고, 거기에 비자스까지 참견을 하면서 '바지는 그만두고 치마를 만들면 좋을텐데' 라고 말한다. 라모나는 이 말에 이성을 잃고 치마가 아니고 〔바지를 만들고 싶어!〕라며 큰 소리로 외친다.

물론 비자스는 라모나의 난처한 입장을 돕기 위해 치마를 만들라고 조언을 했을 것이다. 라모나가 바지를 만들겠다고 선언하는 것 자체가 무리이긴 하다. 그러나 언니의 이러한 말 한마디가 동생에게는 꽤 심하게 들릴 때도 있다. 〔나랑 엄마라면 가능하지만, 바지를 만드는 건 네겐 아직 무리다〕라고 자신을 따돌리는 것처럼 느끼거나, 〔부당하게 아기취급을 당한다〕고 생각하게도 되는 것이다.

여기서 라모나의 어머니는 미국 어머니답게 '살아가는 동안에는 실망하는 경우가 많지만 그것을 극복해나가야만 한다'는 논리를 가지고 라모나를 타이르지만, 라모나의 분노는 점점 커질 뿐이었다. 〔난 극복하는 것 따윈 하고 싶지 않아!〕 라고 외치며 코코를 벽에 내동댕이쳤다. 이 때, 라모나는 조금 전에 엄마에게 자신이 어릴 적 위라진과 비슷했는지를 물었고, 이 질문에 대해 엄마가 강하게 부인하지 않았던 사실을 떠올렸다. 라모나의 질문에 대하여 엄마는 확실하고 직접적으로는 대답하지 않았다. 이러한 점에 미루어 볼 때 어린이와의 대화를 건성으로 할 수 없다는 사실을 잘 알 수 있다.

☙ 치약 짜기

라모나는 드디어 '엉엉' 울면서 화장실로 뛰어들어가 계속 울었는데, 문득 거기 있는 새 치약을 발견하고는 태어나서부터 쭉 해보고 싶었던 일을 실제 행동으로 옮기고 싶은 충동을 누를 수가 없었다. 즉 초대형 사이즈의 치약 한 통을 전부 짜내고 싶었던 것이다. 라모나는 큰 마음먹고 그것을 실행해 보기로 했다. 치약을 둥글게 짜서 산 모양으로 쌓아 놓았다. 그리고 나서 라모나는 〔해냈다!〕는 마음에 상당히 만족했다. 물론 나중에 큰일이 났다. 이를 발견한 비자스의 고자질로 라모나가 비자스와 엄마에게 심하게 꾸중을 들었던 부분은 생략하기로 한다. 라모나가 이런 일은 두 번 다시 하지 않겠다는 다짐을 하고 이 사건은 일단락 되었다.

아무리 작은 아이라도 가족 속에서는 열심히 자신도 한 사람의 구성원임을 주장한다. 라모나는 엄마와 비자스는 할 수 있는데, 자신은 할 수 없는 것이 있다는 사실을 받아들일 수 없었던 것이다. 여기서 그녀는 다른 가족은 할 수 없지만 자신은 할 수 있는 것, 즉 치약을 전부 짜내버린다는 굉장한 일을 벌렸던 것이다. 그것은 그녀의 마음 속에 간직한 감정을 전부 쏟아내는 것과도 일맥상통하는 행동이다. 그리고 그녀는 틀림없이 엄마에게 야단맞을 때도, 나중에 그 일을 떠올릴 때도 〔뭐라 형용할 수 없는 즐거운 기분〕이 되었을 것이다. 어린이의 행동 중에 아무 생각없는 엉터리처럼 보여도 의외의 깊은 의미를 지니고 있는 경우가 많다.

☜ 새 잠옷

라모나와 그 가족 사이에서 벌어지는 유쾌한 이야기는 계속되지만, 마지막으로 한 가지만 더 이야기하기로 하자. 라모나는 엄마가 새 잠옷을 사 주셔서 무척 기뻤다. 언제나 언니의 낡은 것만 물려받았는데, 이번에는 새 것을 받으니 기분이 날아갈 것만 같았다. 그래서 라모나는 잠옷에다 겉옷을 덧입고 학교에 갔다. 처음에는 기뻤지만 점점 더워지는 바람에 드디어 고통스러워 견딜 수 없게 되었다. 라모나가 어디 아프지 않느냐는 걱정을 해주는 담임 선생님인 랏쥐 선생님에게 라모나는 비밀을 몰래 털어 놓았고, 그녀는 선생님이 일러준대로 화장실에 가서 잠옷을 벗어 책상 속에 넣어 두었다. 선생님은 이 일을 엄마에게는 말하지 말아달라는 라모나의 부탁을 들어주겠다는 약속을 했고, 라모나는 비밀을 지켜주는 선생님이 더욱 더 좋아졌다.

　그런데 공교롭게 라모나는 잊어버리고 잠옷을 학교에 두고 왔다. 그래도 그럭저럭 부모를 속여서 곤경을 모면했는데, 랏쥐선생님이 어머니한테 전화를 걸었다. 사실 그 전화는 전혀 다른 일 때문이었는데, 라모나는 선생님이 약속을 깼다고 성급하게 생각하고는 흥분해버린다.

　라모나는 엄마를 똑바로 바라보면서 소리치기 시작한다. [난 랏쥐 선생이 제일 싫어! 수다쟁이니까. 나를 귀여워해주지도 않고 거짓말만 하고! 미워할거야!] 부모님도 언니 비자스도 이 모습에 어안이 벙벙하였다. 게다가 라모나가 잠옷이 학교에 있다고 말했기 때문에 가족은 영문도 모르는 채 동문서답을 하게 되고 라모나의 분노는 점점 더 걷잡을 수 없게 되어버렸다.

🐢 가출 선언

　라모나는 [아무도 날 좋아하지 않아. 세상사람 어느 누구도!]라고 외쳐댄다. [아빠도 엄마도 언니만 좋아하고]라고 말하자, 비자스가 아니라고 항변하기 시작하였다. 비자스는 라모나의 시험지나 그림은 냉장고에 붙어 있는데, 내 것은 아무

데도 붙어 있지 않다고 불평하였다. 이 말에 부모는 깜짝 놀랐다. 비자스가 그런 생각을 하고 있을거라고는 전혀 생각지 못했기 때문이었다. 어쨌든 비자스의 항의는 라모나의 분노에 불을 붙였고, 드디어 라모나는 [가출]을 선언하게 된다.

라모나는 모두를 놀라게 하려고 굉장한 선언을 한 것인데 효과는 오히려 반대였다. 엄마가 [언제 나갈 건데?]라고 냉정하게 물어온 것이다. 이렇게 되면 라모나는 어쩔 도리가 없는 형편이다. [짐을 싸겠다]고 말하며 자기 방으로 왔지만, 속으로는 누군가가 말리러 와주기를 기다리는 마음이었다. 드디어 엄마가 왔기 때문에 '후' 하고 안도의 한숨을 내쉬었는데, 엄마는 뜻밖에도 손에 트렁크를 들고 와서는 짐싸는 것을 도우러왔다고 말한다.

엄마가 열심히 짐을 싸는 동안, 라모나는 엄마가 얼마나 상냥하고 좋은 엄마였는지를 이것저것 떠올리고는 견딜 수 없는 기분이 되었다. 하지만 가출을 번복할 수는 없었다. 울면서 짐을 들던 라모나는 그 트렁크가 너무 무거워서 도저히 들 수 없다는 사실을 알았다. 그 순간, 마음 속에 잠시 희망이 스쳐갔다. [엄마는 일부로 짐을 무겁게 했는지도 몰라…]. 서로 얼굴을 쳐다본 엄마와 딸은 부둥켜 안으며 눈물을 흘렸다. 그리고 라모나는 전부터 가장 듣고 싶었던 [엄마는 소중한 라모나없이는 아무것도 할 수 없어]라는 말을 들을 수 있었던 것이다.

⚙ 사랑과 증오의 체험

이것으로 [미움받는 아이]라고 생각해온 라모나의 마음도 평안해졌으며 행복한 종말을 맞았다. 후에 라모나는 엄마에게 왜 그렇게 행동했었는지를 물었다. 거기에 대해 엄마는 [너와는 말싸움을 해도 어쩔 수 없다고 생각해서 그랬어]라고 대답하였다. 이것을 보면 라모나의 어머니는 상당히 현명하다고 생각된다. 라모나가 [가출]을 주장하면서 집안 식구 모두가 자기만 싫어한다고 고집할 때, 아니라고 [말싸움을 해봐도 어쩔 도리가 없는]것이다. 인간의 감정이 한 방향으로 맹렬하게 흘러가기 시작할 때, 그것을 막으려 하면 할수록 오히려 굉장한 폭발을 조장하게 된다. 그러나, 그렇다고 그냥 그대로 두면 되돌릴 수 없는 상황을 맞게 되기도 한다. 흐름에 따라가면서 어느 순간 현명하게 역전시키는 것이 가장 좋은 방법이다. 라모나의 어머니는 라모나의 성격을 잘 알며 자녀에 대한 애정도 깊은 사람으로서 최상의 방법을 끌어낸 셈이다. 즉 라모나의 [가출]을 도와주면서 서로의 마음에 상처주는 일 없이 마음의 흐름이 역전되는 시점을 포착했던 것이다. 또한 라모나에게는 잠시 동안 가족에 대한 미움과 사랑을 깊이 체험해볼 수 있는 기회가 제공됨으로써, 자신이 가진 우주 공간의 넓이를 알고 다음 단계로 한걸음 성장하게 되었던 것이다.

2
가출에 대한 희구

🐚 어린이의 가출

『라모나와 어머니』는 가정에서 일상적으로 자주 경험하게
되는 상황에 관한 이야기이면서도 어린이의 마음을 이해하는
데 상당한 부문 시사하는 바가 크다. 그 중에서도 특히 마지
막에 나온 〔가출〕이라는 부분을 좀더 살펴보기로 하자. 어렸
을 때 한번쯤은 가출하고 싶다고 생각하거나 가출에 가까운
행동을 저질러본 사람도 상당히 많을 것이다. 오히려 가출은
한번도 생각해본 적 없다고 말하는 사람이 아마도 더 적을지
모른다.

어떤 대담프로그램에서 작가인 나다 이나다와 동화작가인
구도 나오꼬가 어린 시절의 고민에 대하여 서로 이야기를 나
누던 중 가출에 관하여 언급했다는 사실은 흥미롭다. 나다 이
나다는 형이 〔다리 밑에서 주워온 아이〕라고 거짓말을 하는
바람에, 고민하게 되고 결국은 가출을 생각한 일이 있다고 말
했다. 그런데 나다는 형제 중에서 특히 자기만 부모에게 귀여
움을 받았기 때문에 힘들었다고 이야기하였고, 이에 미루어

보아 앞서 언급한 것처럼 어린 시절 자기가 이 집 아이가 아니라고 생각하거나 가출을 하고 싶다고 느끼는 것은 부모에게 귀여움을 받고 있는가의 여부와는 무관하다는 사실을 명백하게 알 수 있다. 나다는 초등학교 4학년 때 이유없이 화를 내고 〔난 더 이상 이런 집에서는 살지 않는다〕고 집을 뛰쳐나갔던 사건을 회상하였다. 〔결국 광에 숨어서 자신을 찾는 어머니의 소리를 들으며 '아 ,나를 찾고 있다' 는 사실을 확인한 것만으로도 일단 안심했던 기억이 있습니다. 난 어머니가 걱정하면서 '찾아 주는 존재' 라는 사실을 깨닫고 안심한 것입니다〕라고 나다는 덧붙였다. 이것은 초등학교 4학년 정도 연령의 아이들에게서 자주 볼 수 있는 〔가출〕의 전형적인 예이며 아마도 이와 비슷한 경험을 한 사람이 많을 것이다.

구도 역시 자신도 〔가출 공상〕을 자주 했다고 회상하였다. 다다미 위에 누워서 마음 속으로 자신이 가출하는 모습을 그려본다. 그것을 반복하고 있는 동안 가출을 하고 돌아온 듯한 기분이 들었다고 말한다. 이처럼 공상의 세계에서 가출을 시도한 사람도 많을 것이다.

🐚 자립에 대한 의지

이러한 가출의 배후에는 어린이의 자립하고 싶은 의지와 한 개인으로서 주장이 존재한다는 것은 이미 알려진 사실이다. 어느 날 문득 자신도 한 사람의 인간이며, 자기 나름의 주장을 가지고 있다는 기분이 들고 이것을 행동으로 옮기면 〔가출〕이 되는 것이다. 그러나 마음과는 달리 외부의 현실은 그

렇게 간단하지만은 않아서, 한 사람으로서 자립해 살아가기
에는 아직 자신은 형편없다는 사실도 함께 깨닫게 된다. 그렇
기 때문에 가출을 할 때는 의기양양하지만, 결국은 집으로 돌
아올 수밖에 없다. 이때 잘못하면 어린이는 패배감만 맛보게
된다.

어린이의 가출을 부모가 자신들에 대한 일종의 반기로서
인식하고, 어린이에 대한 자신들의 태도를 반성하는 경우는
부모자녀관계가 좋은 방향으로 개선되어, [비온 뒤에 땅이 굳
는] 결과를 가져올 수도 있다. 이러한 전형적인 경우에 관해
서는 이미 다른 책에서 자세히 언급한 바 있으므로, 이번에는
좀 색다른 각도에서 가출을 언급한 아동문학 작품을 예로 들
어 설명하고자 한다.

🐌 클로디아의 가출

가닝즈 버그의 『클로디아의 비밀』은 어린이의 가출을 주제
로 한 명작이다. 일반적으로 아동문학 속에서 가출을 다루게
되면 감정적으로 뒤엉켜 가출 그 자체만 언급되는 경우가 많
다고 생각된다. 그러나 가닝즈 버그는 그러한 감정을 뛰어넘
어 좀더 깊은 본질과 관련시켜 [가출]을 다루고 있다. 이 이
야기는 주인공인 소녀 클로디아가 남동생 제이미를 부추겨,
가출했다가 집에 돌아올 때까지의 사건이 묘사되어 있다. 이
작품은 이야기가 끝날 때까지 등장인물 중 누구도 눈물을 흘
리지 않는 것이 특징이다. 자칫 가출 이야기라면 항상 눈물이
핑돌기 마련인데, 이것은 밝고 즐거운 가출 이야기이다. 그렇

다고 해서 이 작품이 가볍고 들떠 있는 것은 아니다. 오히려 이미 언급한 것처럼 어린이의 그리고 인간의 본질에 관계되는 중요한 지식을 시사해주고 있다.

〔'난 옛날 식의 가출 따위는 절대 할 수 없어' 라고 클로디아는 생각하고 있었습니다. 벌컥 화가 난 나머지 달랑 배낭 하나를 들고 뛰쳐나오는 것 말입니다〕. 이야기는 이렇게 시작되고 있고, 이러한 구절과 비교해 보아도 앞에서 언급한 라모나의 가출은 틀림없는 〔옛날 식의 가출〕이다. 클로디아는 12세에서 한 달이 모자라는 소녀였는데, 그녀의 가출은 확실히 신식이며 독특하였다. 그녀는 용의주도하게 계획을 세워서 가출을 했으며, 원래 가출의 목적지가 뉴욕의 메트로폴리탄 미술관이라는 점에서도 감탄하지 않을 수 없다. 그러면 그녀는 왜 가출할 생각을 했던 것인가? 그녀는 남동생을 3명 둔 장녀로 부모의 자녀에 대한 태도에 불만이 많았다. 즉, 남동생들은 놀고 있어도 자신은 일을 해야 하는 경우가 많다는 점이 그녀가 가출을 결심하게 된 동기인 셈이다. 그렇다면 이것은 오히려 옛날 식의 가출 이유와 별다를 것이 없다.

🐾 내가 나이기 위해서

그런데 클로디아는 가출 비용을 저축하면서 준비하는 동안, 내가 왜 가출을 하려고 하는지에 대해 잊어버리게 되었다. 작자는 이러한 사실은 클로디아가 확실하게 의식하지 못한 가출의 원인을 가지고 있었던 것은 아닌가라고 언급하면서, 그 원인이 〔매일 매일이 똑같은 데서 오는 것입니다. 클로디아는 자신을 단지 성적이 모두 수인 클로디아 킨게이트로 보는 것이 싫어졌던 것입니다]라는 재미있는 표현을 하였다.

클로디아는 이 세상에 하나뿐인 소녀이다. 그러나, 생각해 보면 자신이 보내는 매일의 생활이 그처럼 독특할까? 매일 매일의 생활은 다른 많은 소녀들과 같다. 성적은 모두 수지만 그런 아이는 미국 전역에 허다할 것이다. 〔나는 다른 사람이 아닌 클로디아 킨게이트이며, 내가 나인 것은 이처럼 명백한 것입니다]라고 자기 자신에 대하여 마음 속 깊은 곳에서 외칠 것이다. 그러나 그것을 입증하기는 어려운 일이다. 매일매일 일상생활의 반복에서는 -비록 그것을 훌륭하게 해낸다고 해도-자신의 독자성을 증명할 수 없다. 즉 클로디아의 가출은 본인이 어디까지 의식하고 있었는지는 알 수 없지만, 클로디아의 자아확립과 깊은 관련이 있다.

그러나 가출이 자아정체감의 확립이라고 가정한다면, 어떻게 보면 지금까지의 〔옛날 식의 가출]도 유치하게 보일지는 몰라도 자아정체감과 관련된 것이라고 말할 수 있는 것이 아닌가? 이러한 맥락에서 본다면 클로디아의 가출은 본질적으로는 그다지 신식이 아니라 할지라도, 지금까지 정면으로 문제시하기 어려웠던 부분을 명확하게 의식하여 취급하고 있다는 점에서는 신식이라고 말할 수 있을 것이다.

🐚 천사 조각의 비밀

메트로폴리탄 미술관을 목적지로 삼은 가출이라니 굉장히 신식처럼 들리지만, 이야기의 본질에서 본다면 이것은 일종의 곁들여진 양념에 불과하다. 그렇게 이야기의 전개를 끌고 갈 수 있는 것 자체도 작가의 재능이 돋보이는 부분이지만 여기서는 미술관에서 일어나는 여러 가지 에피소드는 모두 생략하기로 한다. 그러나 클로디아와 남동생 제이미가 미술관에 [살게]되었을 때, 전시된 작은 천사 조각에 관한 일은 반드시 언급하지 않으면 안 된다. 이 천사 조각은 메트로폴리탄 미술관이 경매에서 단돈 225불에 구입한 것인데, 한 때 미켈란젤로의 초기 작품이 아닌가 하고 세상을 떠들썩하게 만들었다. 클로디아는 이러한 사실에 상당한 관심을 가졌다.

클로디아는 남동생 제이미와 함께 미술관에서 [살고 있는] 특권을 이용하여 이 천사의 비밀을 밝히려고 애쓴다. 조각을 이리저리 살펴보기도 하고 문헌을 찾아보기도 했지만, 비밀을 밝힐 수 없어서 드디어 클로디아는 이 조각의 원래 소유자로 갑부인 후랑그와이라 부인을 직접 만나러가기로 결심한다. 남동생 제이미는 슬슬 집에 돌아가고 싶어졌지만 클로디아는 그것을 무시하며 이대로 집에 돌아간다면 다시 [옛날 그대로]가 되어버리는데, 그렇다면 무엇 때문에 가출했는지 모르지 않느냐며 동생을 다그친다.

둘은 있는 돈을 전부 털어 후랑그와이라 부인의 저택을 방문한다. 후랑그와이라 부인은 [이태리 르네상스에 대하여 물어보고 싶다]는 두 어린이의 방문에 호기심이 생겨 만나보았는데, 보는 순간 이 두 아이가 최근 신문지상을 떠들썩하게 한 행방불명의 두 아이라는 것을 금방 알 수 있었다. 이런 저런 이야기를 나누면서 클로디아는 조각이 미켈란젤로의 작품인지의 여부를 알고 싶을 뿐이며, 그것만 안다면 내일이라도 당장 집으로 돌아갈 거라고 말한다. 부인은 [그것은 내 비밀이란다]라고 대답하면서 거꾸로 아이들이 일주일 동안 어디에 있었는지를 되묻는다. 이 질문에 클로디아는 [그것은 우리들의 비밀이에요]라고 분명하게 대답했다.

☞ 비밀을 가진 의미

[재치에 넘친다!]고 감탄한 부인은 점점 이 두 아이가 마음에 들기 시작했다. 부인은 클로디아의 용감한 태도에 마음이 끌리는 동시에, 왜 이 소녀가 천사 조각의 비밀을 열심히 알고자 하는 것인가에 대한 [비밀]을 확실히 깨달을 수 있었다. 이 때문에 부인은 클로디아가 더욱 마음에 들었다. 부인은 [비밀]에 대해 다음과 같이 말했다.

[비밀을 가슴에 안고 돌아간다는 것은 클로디아의 희망이지. 클로디아가 천사 조각에 상당한 관심을 가지게 된 건 천사에게 비밀이 있기 때문이고, 아마 그건 네게 중요했을 거야. 클로디아는 모험을 하고 싶은 게 아니지.— 클로디아에게 필요한 모험은 비밀일거야. 비밀은 안전하면서도 사람을 다르게 만들어주는 데 큰 역할을 하지. 사람의 내면에서 힘을 주는 거야].

비밀을 가짐으로써 클로디아는 지금과는 다른 사람이 될 수 있다. 비밀의 존재가 자아정체감을 지탱해주는 것이다. 거기서 클로디아는 후랑그와이라 부인에게서 천사 조각의 비밀을 어떻게 들었으며 또 두 어린이가 어떻게 집에 돌아갔는지

등은 독자가 원작을 읽을 때의 즐거움으로 남겨두기로 한다. 단지 여기서는 이렇게 멋진 가출이 있다는 것, 또는 [가출]하는 현상의 배후는 자아정체감의 확립이라는 중요한 사실이 존재한다는 것만을 알아준다면 그것으로 만족하며 『클로디아의 비밀』에 대한 이야기는 마치기로 한다. 또한 비밀을 가지는 것과 자아정체감의 관계라는 점에 대해서는 다음 장에서 자세히 살펴보기로 한다.

☙ 가정을 갈구하는 가출

[가출]에 대해서 반드시 언급하고 싶은 사실이 있다. 그것은 가출 중에는 [가정을 갈구하는 가출], [가정이 가정답지 않은 것에 대한 경고의 가출]이라고 말할 수 있는 것이 상당히 포함되어 있다는 것이다. 가정 재판소의 조사관 사사끼 죠우는 이와 같은 가출이야말로 오히려 [현대 가출]의 특징을 나타낸 것이라며 이를 예를 들어 설명하고 있다. [가출]을 하려고 해도 토대가 되는 [가정]이 너무 약하기 때문에, [가출]이라는 형식을 빌리고는 있지만 그것은 오히려 가족의 부재를 호소하는 것이다. 이러한 가출의 경우는 가정으로 돌아가지 않고 어떤 유사가족 속으로 들어가 동화되는 경우가 많다. 유사가족이란 어른들이 말하는 불량집단이나 폭력단이라든지 하여간 이상하게 진한 인간관계로 얽혀 있는 집단이다. 자신들의 원래 가족 안에서 관계가 희박했던 것을 보상받으려는 의도인지는 모르겠으나, 유사가족은 지나칠 정도로 진한 연대를 요구한다.

🍵 유사가족

예를 들어 사사끼가 언급하는 예에서 어떤 소녀 A의 어머니는 집을 두 번이나 나갔으며 아버지 역시 형무소에 복역해서 집에 없었다. A는 초등학교 6학년 때 근처 대도시로 놀러나간 경험이 있으며, 중학교에 들어가면서 가출이 상습화되었고 나중에는 나이 많은 남성과 동거도 하였다. 그런데 동거한 남성이 폭력단 조직원이 되면서부터 각성제를 상습적으로 남용하게 된다. 이 소녀의 행동을 깡패라든가 비행이라고 말하기는 쉽지만, 우리는 이 소녀가 감행한 여러 번에 걸친 가출이 [가정을 갈구하는]행위이며, 유사가족이나 유사젖으로서 폭력단이나 각성제가 무의식중에서 선택되었다는 사실을 이해하지 않으면 안 된다. 이러한 어린이에게 그가 진정 원하는 [가정]은 마련해주지 못한 채, 폭력단과 손을 끊으라고 말하거나 비행소년의 집단에서 빠져 나오라고 말해도 아무런 소용이 없는 것은 당연한 일이다.

3
개혁가로서의 어린이

🕯 개혁의 원동력

어린이가 〔가출〕함으로써 부모에게 경고한다는 것은 이미 언급한 바 있다. 어린이는 이와 같은 의미에서 부모나 가족 전체에 변혁의 원동력이 되는 경우가 있다. 원래 어린이는 그러한 것을 분명하게 의식하지 못하기 때문에 언어로 표현하기보다는 여러 가지 형태의 행동으로 나타내는 경우가 많다.

우마도노 레이꼬가 발표한 집에서 폭력행동을 보이는 여자 중학생의 부모와 상담한 예를 들어 이 문제를 생각해보자.

중학교 2학년생인 A는 1학년 10월부터 학교에 가지 않기 시작하면서, 집에만 틀어박혀 있기도 하고 목을 매달아 자살을 기도하기도 하였다. 그리고 가끔 식사준비가 늦었다든가, 맛이 없다는 이유로 어머니의 머리를 끌어당기거나 물건을 집어던지는 폭력행동을 보였다. 어머니가 잠자리에 들면 옆에서 큰소리를 내거나 발을 밟으면서 잠을 못 자게 하였다. 또한 아버지의 용모가 못생겼는데, 하필이면 자신을 〔왜 아버지와 닮게 낳았느냐?〕며 어머니를 들볶았다. 부모들은 전혀 앞뒤가 맞지 않는 행동을 하는 A를 어떻게 다루어야 할지 알수 없었다. 어머니는 담임 선생님의 권유로 상담을 받으러 왔지만, [문제는 A인데] 내가 와도 소용없는 것이 아닌가 하는 불만스러운 모습이었다.

☞ 어머니의 호소

그런데 어머니는 상담자가 자신의 말을 열심히 경청해 주는 데 힘을 얻어 자신의 어려움을 털어 놓기 시작하였다. A가 나빠진 것은 남편과 시어머니의 탓이라고 말하면서 결혼 후 자신이 얼마나 힘들었는지를 열심히 이야기하였다. 이렇게 지금까지 담아두었던 자신의 감정을 쏟아내고 상담자가 열심히 들어준다는 것을 알게 되면서, 어머니는 매주 상담을 받으러 와서 자신의 고통을 호소하게 되었다. 또한 자신의 성장과정은 물론, 남편의 성장과정까지도 언급하였다. 이야기 사이사이에 A가 학교에 가지 않는 것이나 폭력을 한탄하는 때도 있었지만, 보다 많은 시간을 자기 자신의 생활이나 감정에 대해 이야기하는 데 할애하였다.

자세한 것에 대한 언급은 생략하지만, 한마디로 말해서 어머니가 느끼는 가장 큰 불만은 남편이 시어머니와 지나치게 밀착되어서, 아내로서의 자신을 [단지 일하는 파출부]정도로 취급해왔다는 것이다. 그녀는 이러한 고통을 아무에게도 말할 수 없어서 자살을 시도했으나, 미수로 끝난 적도 있다고 하였다. 부인은 남편에 대해 열심히 일한다는 사실 하나 빼고는 칭찬거리가 아무것도 없는 사람이라고 평했다.

그런데 A는 어머니를 비난하고 폭력을 휘두르는 한편, 잠잘 때는 어머니의 잠자리에 끼어들어와서 잤다. 이러한 이유로 어머니는 A가 나을 때까지라는 단서를 붙이면서, 남편에게 다른 방에서 자도록 요구하였고 남편도 이에 따랐다. 이와 같은 일은 어머니가 지금까지 여러 가지로 불만을 가지고 있는 남편에 대하여 〔정면으로 거부할 수 있는 느낌〕을 처음으로 맛볼 수 있는 뜻밖의 기회가 되었다.

⚘ 어머니의 변화

이러한 이야기가 매주 계속되는 동안에도 A는 어머니에게 응석을 부리거나 반항을 하는 한편, 아버지에게 관해서는 마구 욕을 퍼부으면서 〔이런 사람과 결혼한 것이 어리석었었다〕고 어머니를 야단쳤다. 그렇지만 어머니는 오히려 〔A는 자신을 대변하고 있다〕고 느끼게 되었다. 그리고 여러 번의 상담 후에, 어머니는 시간제라도 밖에서 일하면 어떨까 라는 생각을 갖기 시작했다. 그러나 좀처럼 결심을 굳히지 못하고 있는 터에, A가 〔집안 일의 반은 내가 할테니까〕라며 어머니를 응원했던 것이다.

흥미로운 일은 그 후 면접부터는 어머니의 모습이 상당히 달라져 젊어졌다는 인상을 받았으며, 남편이 상담소까지 차로 데려다주게 되었다는 사실이다. 또한 그녀는 드디어 밖에서 일하기로 결심하게 되었다. 다만 A가 학교에 가 있는 동안만으로 - A도 학교에 가기 시작했던 것이다 - 한정하고 있었다. 상담자의 입장에서도 어머니가 문제를 회피하기 위해서

밖에 나가는 것이 아니라는 사실이 분명했기 때문에 찬성하였다. 무엇보다도 어머니가 밖에서 일하는 것을 A가 적극적으로 밀어주는 것이 기뻤다.

A가 비교적 빨리 학교에 가게 되어서 어머니의 상담도 9회로 끝냈다. 상담자로서는 부부관계가 새롭게 확립되는 과정까지는 보지 못해 마음에 걸렸다. 그러나 남편이 자동차로 데려다준다는 사실과 어머니가 남편에 대해 전보다도 많은 이해를 표현하거나 남편의 성장과정을 돌아보면서 남편의 불행했던 상태에 공감을 하고 있었기 때문에, 부부관계도 개선을 향하고 있다는 판단아래 종료에 동의하였다. 상담에 의해서 무언가가 완전히 해결된 것이 아니더라도, 상담에서 어느 정도 다루게 되면 그 후는 본인의 자력에 의해서 진행해가는 경우는 흔히 볼 수 있는 일이다.

✎ 삶의 방식의 개혁

상담의 상세한 과정에 관해서는 언급하지 않고 요약했기 때문에, 어떤 오해가 생기지 않을까 걱정되지만, 여기서 말하고 싶은 것은 A가 어머니의 살아가는 방법에서 일어난 개혁에 지대한 공헌을 했다는 사실이다. 어머니는 일본의 가정주부가 일반적으로 가진 삶의 방식으로 남편이 자신의 어머니와의 밀착된 관계를 끊지 못하고 있는 사실을 계속 견뎌 왔다. 그러나 A의 등교 거부나 폭력을 계기로 자신이 살아온 삶의 방식을 되돌아 보고, 이전과는 다른 자주적인 삶의 방식을 찾아낸 것이었다. A가 어머니의 잠자리 옆에 가서 큰소리를 내거나 발을 밟아서 어머니를 못자게 했다는 사실은 상당히 상징적인 의미를 가지고 있다고 생각할 수 있다. 즉 중학교 2학년인 딸이 어머니에게 [눈뜰 것, 눈떠서 일어서는 것]을 요청하고 있었다고도 생각할 수 있다. 아마도 이러한 딸의 강력한 요청이 없었다면, 어머니는 자신의 삶을 개혁할 수 없었을 것이다.

또한 이 사례에서 상담자는 어머니하고만 면접을 했을 뿐 A는 한 번도 만나지 않았는데, A의 가정 내 폭력행동도 사라지고 다시 학교도 가게 되었다는 것이 인상적이다. 그러나 이런 일은 자주 일어난다. 덧붙여 말하지만 이러한 예에 대하여 A의 가족 내의 폭력의 원인은 어머니라든가 어머니가 나쁘기 때문이라고 생각하지 말기 바란다. 왜냐하면 아버지는, 시어머니는, 또는 폭력에 의존하는 A자신은 어떤가 등을 말하기 시작하면 끝이 없기 때문이다. [나쁜 사람 찾기]는 헛된 노력으로 끝나는 경우가 많다. 그것보다는 이 가정 전체에 구조적 개혁이 필요했으며, 그 기폭제로서 A가 작용했다고 판단하는 것이 적절할 것이다. 또한 이 예처럼 가정주부가 밖에 나가서 일하게 되는 결심이 개혁과정에서 생겨나는 경우도 있지만 이와는 전혀 반대되는 예도 있다(사실, 이 예가 발표된 책에서도 반대의 예를 찾아볼 수 있다). 여자는 집에 있어야 한다든지 아니면 밖에서 일해야 한다든지의 단순하게 일반화된 원칙을 만들기보다는 오히려 그것을 어떻게 생각하고, 어떻게 살릴 수 있는가가 중요한 것이다.

🐚 두 로테

어른들이 살아가는 방식을 바꾸는 촉진제의 역할을 하는
어린이 모습을 재미있으면서도 잘 표현한 명작으로 게스트너
의 『두 로테』를 들 수 있다. 원래 영화의 시나리오로 쓰여졌
던 만큼 여러 번 영화화되었기 때문에 내용을 잘 아는 사람도
많을 것이다. 이 책이 처음 출판된 1949년경에는 아동문학에
서 이혼을 다룬다는 것 자체가 획기적이었다고 생각된다.

9세인 두 명의 소녀 루이제 파르피와 로테 게르나는 어느
여름 합숙 캠프에서 우연히 만나는데, 둘은 자신들이 빼다 박
은듯 닮았다는 사실에 놀란다. 사실 이 둘은 쌍둥이로, 부모
들이 이혼하면서 루이제는 아버지에게, 로테는 어머니에게
맡겨져 각각 빈과 뮌헨에 떨어져 살았기 때문에 서로의 존재
를 알지 못했던 것이다. 처음에는 두 소녀가 무척 놀라고 당
황했지만, 서로 여러 가지 이야기를 나누면서 자신들의 운명
을 알게 되었다. 그리고, 부모들이 이혼할 때〔정말 우리를 반
으로 나누는 게 좋은지 어떤지 우선 우리에게 물어봤어야 했
어!〕라는 것에 의견의 일치를 보았다.

🐚 바꾸기

여기서 두 소녀는 멋진 계획을 세운다. 그것은 루이제와 로
테가 서로를 바꾸어, 각각의 부모에게 돌아가 서로 연락을 나
누며, 다시 한번 아버지와 어머니를 결합시키자는 것이다. 이
것은 여러 가지 어려움이 따르는 일이다. 물론 여러 가지 어
려움이 있는 것이 당연하기는 하지만, 무엇보다 어려운 것은

루이제와 로테가 겉모습은 똑같아도 성격은 대조적이라고 해도 좋을 만큼 다르다는 점이었다. 루이제는 명랑하고 활기찬 반면 로테는 조용하며 의지는 강하지만 잘 드러내지 않는 소녀였다. 또 식성도 루이제는 오믈렛을 무척 좋아하지만, 로테는 별로 좋아하지 않는다는 식이었다.

하여간 루이제와 로테는 각각 로테, 루이제인 체하고 집에 돌아갔고, 의심을 받기도 했지만 어쨌든 여러 가지 고생 끝에 상대의 역할을 잘 해냈다. 아버지인 파루피는 빈에서 작곡가로서 활약하고 있는 한편 어머니인 게르나는 잡지 편집인으로 뮌헨에 살면서 각자의 생활을 가지고 있었지만, 두 소녀의 눈물과 웃음이 넘치는 대단한 활약으로 마지막에는 재결합하게 된다. 그 사이의 멋진 이야기는 또다시 생략하면서 독자가 원작을 읽기를 기대한다. 그러나 여기서 무엇보다도 인상적인 장면은 아버지와 어머니가 겪는 자신들의 지금까지 살아온 생활방식이나 성격 등에 대하여 반성하거나 변해가는 과정이다. 서로가 가진 삶의 방식이 변화하지 않은 채, 단지 이혼하기 전의 원래 상태로 되돌아가 똑같은 상황이 반복된다면 그것은 그다지 행복한 생활이 아닐 것이다.

👻 남성과 여성이 결합하는 어려움

이 이야기는 어른들이 살아가는 방식에 대하여 개혁자의 역할을 담당하는 어린이의 모습을 재미있으면서도 본질적인 부분을 다루고 있다. 그런데, 이 작품을 조금 다른 각도에서 읽어본다면 어떨까? 한 인간의 내면에는 많은 인간이 살고 있다. 한 인간-남자든 여자든 간에-내면에 사는 남성과 여성이 서로 잘 조화를 이루며 공존한다는 것은 상당히 어려운 일이다. 이것은 루드비히 파루피와 루이제 로테 게르나의 이혼에서도 시사하고 있는 것이다. 두 사람의 재혼, 즉 내면에 있는 남성과 여성이 재결합해가는 데 루이제와 로테라는 쌍둥이 소녀가 역할을 바꾸면서, 여러 가지 마음고생을 해가는 것은 무엇을 의미하는 것일까? 그것은 남성과 여성이 결합한다는 어려운 작업을 잘 이끌어가기 위해서 우리들은 자신의 내면 세계에서 대담한 가치의 변화를 경험하지 않으면 안 된다는 것을 의미하는 것은 아닐까?

어떤 의미에서 내적 세계라든지 외적 세계라든지 그런 것을 서로 구별하는 것은 의미없는 일인지도 모른다. 단지 남성과 여성이 참된 관계를 만들어내기 위해서는 자신들이 가진 가치를 대담하게 파괴할 필요가 있는 것은 아닐까? 루이제와 로테가 역할을 바꿈으로써 생겨난 여러 가지 어려움은 이러한 것을 구체적으로 표현하고 있는 것이다. 재미있게 표현된 이야기 속에서 우리들은 남성과 여성의 관계에 동반된 심각한 문제를 볼 수 있다. 아마도 이것은 이러한 것을 깊게 체험한 게스트너에 의해서만 쓸 수 있었던 명작이라고 말할 수 있을 것이다.

🐾 아동문학의 의미

어린이에 대해 언급할 생각이었는데, 나도 모르는 사이에 어른의 심각한 문제로 변해버리고 말았다. 이것은 앞에서 밝

헀듯이, 어린이의 우주에 관해 알아가는 과정은 어른의 우주에 대하여 깨닫게 한다는 사실을 증명한 셈이다. 개혁자로서의 어린이는 어른 속에 살고 있다고 말할 수 있다. 이렇게 생각해보면 아동문학이 단지 어린이만을 위한 문학이 아니라, 어른에게도 어린이에게도 의미있는 문학이라는 사실을 알 수 있다. 그것은 꿰뚫어볼 수 있는 [아이들의 눈]에 의해 투사되는 우주를 그리는 것으로, 어른들에게 생각지도 못한 진실을 찾아주는 것이기도 하다.

Ⅱ. 어린이와 비밀

ㅡ「비밀의 화원」 중에서

🐚 비밀이 가진 의미

제 I 장에서 취급한 『라모나와 어머니』, 『클로디아의 비밀』, 『두 로테』라는 세 작품 속에서 마치 작품의 중심 주제처럼 반복되는 중요한 사건이 있다. 그것은 바로 [비밀]이다. 라모나가 잠옷을 입은 채 학교에 간 사실, 이러한 비밀을 담임 선생님과 함께 공유할 때 라모나는 선생님을 상당히 좋아하게 된다. 그리고 선생님이 그 비밀을 지키지 않았다고 생각했을 때 –비록 오해였지만– 가출을 결심하게 되었던 것이다. 클로디아에게도 비밀이 얼마나 중요했는지에 대해서는 이미 언급한 바가 있다. 이 이야기의 제목이 [클로디아의 가출]이 아니라, [비밀]이라고 붙여진 것만 보아도 비밀이 가진 의미의 중요성을 잘 표현하고 있다. 다음으로 『두 로테』에서는 두 소녀 루이제와 로테는 우연히 만났지만, 이와 같은 사실은 아버지와 어머니에게 비밀로 한다. 또한 두 소녀가 서로 역할을 바꾸어 행세한다는 것은 누구에게도 알려져서는 안 되는 비밀이었다.

세 작품은 각각의 주인공이 자신의 연령이나 상황에 맞는 비밀을 가지려고 애썼으며, 이야기는 그것을 중심으로 전개된다고 해도 과언이 아닐 정도이다. 라모나를 즐겁게 만든 귀여운 비밀과 클로디아가 얻고자 한 비밀과는 차이가 있는데, 이것은 연령의 차이에서 오는 것이라고 생각할 수 있을 것이다. 또한, 루이제와 로테의 비밀은 부모의 이혼이라는 어려운 상황에 대응하지 않으면 안 됐기 때문에 상당한 위험을 동반한 것이기도 하였다.

　자신의 어린 시절을 돌이켜보면, 아마 어떤 의미에서든 [비밀]이 중요한 부분을 차지하는 에피소드를 찾아내지 못하는 사람은 없을 것이다. 비밀의 집단, 비밀의 보석 등 그것들이 다른 사람에게는 비록 보잘 것 없는 것처럼 보여도, 이상하게 자신의 마음 속에는 남아 있는 것을 느낄 수 있다. 비밀은 어린이의 우주에 빛나는 별이라고도 말할 수 있는데, 이것은 블랙 홀(주:굉장한 중력에 의해 천체를 흡수하는 우주의 중력 구멍)의 성질을 가지고 있다. 비밀을 가진다기보다 엄청난 비밀을 태어날 때부터 짊어져서, 비밀이라는 블랙 홀에 자신이 빨려들어가지 않도록 열심히 참고 견디는 사람도 있는 것이다.

1
비밀의 화원

☞ 소녀 메리의 성장

어린이에게(어른에게 있어서도) 비밀이 얼마나 중요한 것인
가를 잘 묘사한 것으로 아동문학의 고전인 바네트의 『비밀의
화원』을 들기로 한다. 바네트의 작품으로는 『소공자』나 『소공
녀』가 유명하지만, 작품성 면에서는 『비밀의 화원』이 앞의 두
작품보다 뛰어나다고 본다.

주인공 메리 레녹스는 열 살난 소녀이다. 그녀는 부모와 함
께 인도에서 살고 있었는데, 콜레라로 부모가 갑자기 사망하
여 고국인 영국의 큰아버지댁으로 돌아오게 되었다. 그녀가
[처음 큰아버지와 함께 살게 되었을 때, 모두는 이렇게 인상
이 나쁜 아이는 본 적이 없다고 말했습니다. 그것은 당연한
것이었습니다. 메리는 얼굴이 조그맣고 앙상했으며 몸집도
작고 여위어 뼈밖에 없었습니다. 머리숱이 적고 부스스했고,
얼굴 모습에서는 비뚤어진 성격이 엿보였습니다. 머리카락은
노랗고, 얼굴도 노랗습니다] 라는 식으로, 이야기의 주인공은
처음부터 상당히 [인상이 나쁜 아이]로 등장한다.

이렇게 인상이 나쁜 소녀 메리는 이야기가 전개되어 갈수록 인상이 좋은 건강한 소녀로 변모해간다. 그렇다면, 이런 변화를 일으킨 비밀은 과연 무엇이었을까? 그 열쇠는 틀림없이 [비밀의 화원]이다. 메리의 큰아버지는 10년 전에 사랑하던 아내를 잃었는데, 당시 큰아버지는 너무 슬퍼한 나머지 아내가 아끼던 정원 입구에 자물쇠를 채우고 그 열쇠를 모두 땅속에 묻어버리고 말았다.

또 아내가 남기고 간 갓난아이도 아내를 닮아서 얼굴을 마주하는 것조차 고통스러워, 구석방에 가둬 놓고 길렀기 때문에 콜린이라는 남자아이는 병치레가 잦으며 누워만 있는 생활을 하였다. 콜린은 등에 혹이 있었고 제대로 설 수 없었기 때문에 그 누구도 콜린에 대해서 언급하는 것은 금지된 채 구석방에 누워만 있었다. 즉, 콜린도 이 가족에게는 하나의 비밀이었던 셈이다.

🐦 종달새와의 만남

메리의 큰아버지는 상당한 부자여서 큰 성에 살면서 넓은 영토를 소유하고 있다. 메리는 명랑한 성격의 소유자인 하인 마샤의 도움을 받아 집 밖으로 나갔다. 그 때 한 마리의 종달새가 날아와 친밀감을 표시하였다. 인도에서도 많은 하인이 시중을 들어주긴 했지만, 항상 부모와 떨어져 있었기 때문에 따뜻한 인간관계를 경험한 적이 없던 메리는 종달새와 접촉하면서 마음의 문을 열게 된다. 따뜻한 인간관계는 사람이 자신의 마음을 여는 기초가 되는 것인데, 그러한 경험을 갖지 못한 불행한 어린이의 마음의 문을 살짝 열어주는 매개체의 역할을 동물이 하게 되는 경우가 많다. 메리의 경우에는 그 역할을 한 마리의 종달새가 하고 있다.

☙ 정원 만들기

메리는 종달새의 안내로 [비밀의 정원] 입구는 물론 열쇠까지도 찾아낼 수 있었다. 정원은 어느 누구도 상상할 수 없는 아름다움과 신비한 느낌으로 감싸여 있었다. 깊은 적막 속에 조용히 귀를 기울이고 있던 메리는 [조용하지만 이상하지는 않아], [10년 동안 여기서 소리를 낸 건 아마 내가 처음일거야]라고 중얼거렸다. 메리는 [비밀의 화원]에 매료되었지만 아직은 겨울이어서 도대체 거기 있는 많은 나무가 죽었는지, 살았는지를 알 수가 없었다. 메리는 어떻게든 정원을 가꾸고 싶다고 생각했는데, 그러기 위해서는 도와줄 사람이 필요하였다.

하인 마샤의 남동생 디콘은 자연아라고 불러도 좋을만한 남자아이였다. 메리는 디콘에게 마음이 끌려 정원을 돌봐달라고 부탁하기로 했다. 그녀는 일부러 디콘에게 [비밀을 지킬수 있어?] [이건 비밀이야]라고 다짐을 받고 나서, 그를 비밀의 화원으로 데리고 간다. 거기서 메리는 자연아 디콘의 적절한 지도를 받으면서 정원 만들기에 온 정성을 쏟았으며, 정원이 조금씩 정돈되어 갈수록 메리는 몸도 통통해지고 차츰 [성질이 비뚤어 진] 부분도 사라져갔다.

🐾 콜린의 존재

그러던 중 메리는 이 집에 존재하는 또 하나의 비밀과 만나게 된다. 모두 숨기고 있던 콜린의 존재를 알게 된 것이다. 콜린은 구석방의 숨겨진 존재였는데, 어느 날 밤 들려온 울부짖는 소리를 따라 메리가 콜린의 방을 찾아간다. 하인들은 콜린을 벌집과 같은 존재로 여기고 있었으며, 어머니가 죽은 후 아버지에게 버림받은 최악의 상태에서 성장하고 있었다. 모든 사람이 콜린은 몸이 약할 뿐아니라, 머리도 나쁘다고 믿고 있었다. 그러나 메리는 그와 만나는 동안 사람들이 생각하는 것과 다르다는 사실을 깨달았으며, 실제로 콜린은 점점 건강한 아이가 되어갔다. 메리는 처음에는 그를 경계하여 비밀의 화원을 공상 속에서 존재하는 것처럼 가장하면서, 화원에 대하여 말해주었지만, 결국 사실을 실토해버리고 만다. 그리고 콜린을 정원에 데려가기로 한다.

🐾 비밀을 지키고 키우다

메리와 디콘은 휠체어에 태운 콜린을 비밀의 정원으로 데리고 가는데, 그것을 사람들에게 들키지 않기 위해서 여러 가지 계획을 세운다. 콜린은 정원에 가는 것을 손꼽아 기다리면서 [하루하루 기다리는 사이에 콜린은 이번 일 중 가장 재미있는 것은 정원에 관한 것이 비밀이라는 사실을 확실히 알 수 있었습니다. 이 비밀은 어떤 일이 있어도 지켜야 하는 것입니다]라는 식으로, 세 소년 소녀는 마음을 합해 비밀을 지켜나가면서 [비밀의 화원]을 계속 돌봤다.

드디어 봄이 와서 메리가 죽은 것이 아닌가 하고 걱정을 했던 나무에서도 싹이 나기 시작하여 비밀의 화원이 활기를 찾았을 때, 아이들은 정원에 있다가 정원사 벤 할아버지에게 그만 들켜버린다. 그러나 사실은 벤 역시 죽은 부인, 즉 콜린의 어머니를 존경하여 사닥다리로 몰래 담을 넘어와서 [비밀의 화원]의 손질을 계속해왔는데, 최근 2년 간은 관절염 때문에 그것을 할 수 없어서 곤란에 빠져 있었다. 이러한 사실을 안 아이들은 벤 할아버지까지도 그들 편에 넣어 함께 정원 손질을 열심히 했다. 할아버지는 불구인데다가 머리도 나쁘다고 믿었던 콜린이 건강한 아이라는 사실을 알고 상당히 기뻐하며 정원 손질에 온 정성을 쏟는다.

이처럼 [비밀의 화원]에는 멋진 봄이 오고 여름, 가을이 계속되는 사이에 아무것도 모르는 채 오랜 여행을 하고 집에 돌아온 콜린의 아버지가 훌륭히 자란 콜린의 모습을 보고 놀라며 기뻐하는 것으로 이 이야기도 대단원을 맞게 된다.

원래 이런 식으로 줄거리만을 따라서 이야기하는 것은 맛도 재미도 없다. 결국 [작은 것에도 혼이 있다]는 말처럼 [비밀의 화원]의 묘사에서 어린이들이 주고받은 세세한 이야기야말로 멋진 것인데, 이 점에 대해서는 독자가 직접 원작을 읽어보기 바란다.

❧ 소녀의 내면과 [비밀의 화원]

이 이야기에서는 어린이가 성장하면서 입은 상처받은 마음이 치유되는 과정에서 비밀을 가진다는 것이 얼마나 중요한 가를 잘 나타내고 있다. 그러나 이러한 비밀은 가꿔지고 믿을 수 있는 사람과 공유되며, 마지막에는 모든 사람들에게 알려지는 것으로 변화하여 발전해가는 것이다. 이 이야기는 그러한 과정을 잘 표현하고 있다. 생각해보면 모든 소녀는 자신의 내면 세계에 [비밀의 화원]을 가꾸고 있다고 말할 수 있다. 그것이 어떻게 돌봐지는가에 따라서 모든 사람 앞에서 어떤 형태로 [꽃을 피우는가]가 달라지는 것이다. 소녀 메리와 함께 화원을 돌본 자연아 디콘, 허약한 아이라고 여겼던 콜린, 정원사 할아버지 벤, 이 세 명의 남성을 메리의 내면에 살고 있는 사람들로 생각해보는 것도 재미있지 않을까?

🐚 마리안느의 꿈

『비밀의 화원』은 1909년의 작품인데, 이러한 주제를 그대로 이어받아서 소녀의 내면 세계를 잘 표현하고 있다고 생각되는 작품을 1958년에 같은 영국의 여류 아동 문학가가 발표하였다. 그것은 캐서린 스토의 『마리안느의 꿈』이다. 지면관계로 이 작품에 대하여 언급하는 것은 다른 기회로 넘기지만, 흥미가 있는 독자는 이 두 작품을 비교하여 읽어주기 바란다. 『비밀의 화원』에서는 화원이라는 외부의 세계에 존재하는 것으로 표현된 소녀의 세계가 『마리안느의 꿈』에서는 어디까지나 꿈 속의 사건이라는 내면 세계로서 그려지고 있다. 또한 이러한 [비밀]을 가질 때의 두려움에 관해서도 자세히 묘사되어 있다.

『마리안느의 꿈』의 주인공 마리안느는 메리와 같은 10살이다. 그리고 여기서도 몸이 약한 소년 마크가 등장하여 『비밀의 화원』의 콜린과 대조를 이룬다. 이야기의 전개에 따라 마크가 점점 건강해지는 것도 콜린의 경우와 마찬가지로 상당히 흥미있는 일이다. 무엇보다도 10살 소녀의 우주에 나타난 장대한 현상에 마음이 끌리지 않을 수 없다.

2
비밀의 의의

☜ 자아정체감과 비밀

비밀을 가지는 것은 바꾸어 말하면 [이것은 나만이 알고 있다]는 것인데, 그것은 [나]라는 존재의 독자성을 증명하는 셈이다. 왜냐하면, 비밀은 자아정체감 확립에 깊이 관여된 것이기 때문이다. 소녀 클로디아가 [비밀]을 가지려고 온 혼신을 다한 것도 이 때문이다.

자아정체감이란 불가사의한 단어이다. 본격적으로 생각하기 시작하면 무슨 말인지 잘 이해가 되지 않는 단어이다. 사람들이 [나는 나다]라는 단순한 문장을 좀처럼 납득하기 어려운 것처럼 느끼는 이유가 이러한 사실을 반영하는 것은 아닐까? [아버지 자아정체감]이나 [직업 자아정체감] 이라는 단어가 있다. 이처럼 내가 아버지라든지 대학교수라는 것에서 자기 존재를 찾게 된다면 자신은 어디까지나 자기 이외의 타인, 즉 자녀나 학생과의 관계 속에서만 존재하는 것이 된다. 다시 말하면, 그 경우에는 자신의 자아정체감이 타인의 존재에 의해서 지탱되고 있기 때문에 만약 그 타인이 없어지거나 다른

쪽을 향하면, 그 자리에서 자신의 자아정체감은 붕괴되어버린
다.

　그와는 달리 〔나밖에 알지 못하는 비밀〕은 다른 사람에게
의존하고 있지 않기 때문에 자아정체감을 지지하는 것으로서
는 상당히 도움이 되는 것이다. 그렇다면 메리는 왜 〔비밀의
화원〕의 존재를 디콘이나 콜린에게 털어 놓았던 것일까? 또
한 라모나는 왜 잠옷의 비밀을 랏쥐선생님과 나눌 수 있다는
것에 그렇게 기뻐했던 것일까? (사실 선생님이 그런 비밀을 부
모님에게 알렸다고 생각했을 때는 상당히 화를 냈지만) 여기에 비
밀이라는 것과 자아정체감이라는 것의 어려움이 존재하는 것
이다. 비밀은 한 사람이 가지고 있는 것에 가치가 있지만, 다
른 사람과 공유하는 것에 의해서 그 가치가 올라가기도 한다.
또한 나는 내가 이 세상에 단 하나뿐인 존재라는 사실을 확신
하고 싶어하는 반면, 다른 사람과 같다는 느낌도 가지고 싶은
것이다.

　비밀이 자아정체감의 확립에 도움이 된다고 주장하면 어린
이는 부모나 교사에게 비밀을 가져서는 안 된다고 생각하는
사람이나 어릴 때부터 비밀을 짊어지고 고생해 온 사람은 이
러한 주장에 반대하고 싶어질 것이다. 사실 비밀은 상당히 부
정적인 성질을 가지고 있다. 그것은 때로는 좀처럼 빠지지 않
는 가시처럼 무엇인가에 붙어서 아픔을 준다. 어떤 경우는 가
시 정도가 아니라, 사람을 불치의 상태로 몰고가는 암세포와
같은 작용을 할 때도 있다.

🕮 비밀과 다른 사람에 대한 거리

비밀의 심리에 대하여 고찰한 오코노기 게이고는 [비밀은 다른 사람에 대한 거리를 결정한다]고 말했다. 비밀의 종류, 가지고 있는 방법에 의해서 다른 사람에 대한 거리가 결정된다는 것이다. [나밖에 알지 못하는 비밀]을 갖는 것은 자신과 다른 사람과의 거리를 명확히 하여 자아정체감 확립에 연결시키는 한편, 자기를 다른 사람으로부터 멀어지게 하여 고립으로 몰아갈 가능성도 가지고 있다. 또는 비밀을 누군가 다른 사람에게 말함으로써 친밀감을 얻었다고 생각할 수도 있지만, 그러다가 그 진한 인간관계가 불편해져서 적절한 거리를 유지하려고 해도 비밀이 알려져서 마음대로 할 수 없는 경우도 생기게 된다.

자신의 어린 시절을 돌이켜보면, 어떤 비밀을 갖게 되는 연령과 그 내용에 대해 추억거리를 가지고 있을 것이다. 앞에서 메리도 마리안느도 모두 10살이었다고 지적했는데, 10세를 전후하여 어떤 비밀을 가진 경험이 있는 사람이 많을 것이다. 그와 같은 비밀은 때로는 친구와 같이 나누게 되며, 사이 좋은 친구와 둘이서 비밀이라는 보물을 어딘가에 감춘다. 나도 초등학교 4학년 때, 친구들과 비밀모임을 만들어 일(日)이 세 개 모여 히미쯔(주:일본어로 '히'는 일, '미쯔'는 세 개, '히미쯔'는 비밀을 의미한다)가 된다는 것에 착안하여 ⊖⊖마크를 만들어 서로 편지를 주고 받을 때, 이 마크를 써 넣고 매우 즐거워한 적이 있었다. 어린 마음에 이 마크가 상당히 멋지다고 생각했기 때문에, 형제들에게 가르쳐주고 싶어 견딜 수 없었다. 그러나 가르쳐 줘버리면 비밀이 없어져버리므로 상당한 갈등에 휩싸이곤 했다.

☙ 비밀의 취급 방법

『클로디아의 비밀』속에서 클로디아는 〔그건 사람이 비밀을 가지고 있어도, 그 사람이 비밀을 가지고 있다는 사실을 아무도 모른다면 재미가 없어져버리기 때문이에요. 그래서 비밀의 내용은 아무도 모르지만, 적어도 비밀을 가지고 있다는 사실 정도는 사람들에게 알리고 싶어지는 거에요〕라고 말한다. 비밀을 취급한다는 것은 상당히 까다로운 일이다. 비밀을 자신만이 영원히 간직하고 싶다는 기분과 누군가와 공유하고 싶다는 기분의 양극 사이에 놓여 있는 것이다. 바꾸어 말하면 이것이 자아정체감이라는 것인데, 어디까지나 자신만 지닐 수 있는 고유한 것이 있으면서도 다른 사람과의 관계 속에서 존재하지 않으면 안 된다는 역설과 유사하다.

☙ 위협이 되는 비밀

비밀 속에는 그것을 가진 본인이나 그 비밀과 관계된 사람들의 존재를 위협하는 종류의 비밀과 〔안전한〕 종류의 비밀이 있다는 것에도 주목하지 않으면 안 된다. 예를 들면, 『비밀의 화원』의 경우 비밀은 그 존재가 메리에게 어떤 위협도 초래하지 않는다. 그래도 물론 그녀는 비밀을 지키는 것에 상당한 신경을 쓰지 않으면 안 될 것이다. 그러나 그와는 달리 자신의 결점이나 약점과 관계된 비밀의 경우는 그 존재가 항상 위협으로서 작용하게 된다. 밖에서는 잘 보이지 않는 신체상의 결함이라든지 출생을 둘러싼 비밀 등 운명적으로 짊어져야 하는 비밀도 있다. 이 때는 그것을 지켜가기 위하여 많은 에너지가 필요하며, 다른 사람에게 필요 이상의 〔거리〕를 느끼거나 그들로 하여금 느끼게 만들기도 한다. 이러한 비밀을 짊어진 어린이들은 말할 수 없이 많은 고통을 겪게 된다.

3
비밀의 유지와 해제

🐚 당나귀 귀를 가진 임금님

어린이들이 좋아하는 옛날이야기 중에 「임금님 귀는 당나귀 귀」라는 것이 있다. 이유는 모르지만 귀가 당나귀처럼 생긴 임금님이 있었다. 임금님은 그런 사실이 알려지는 것이 싫어서 언제나 모자를 쓰고 있었다. 그러나 이발사에게는 그 사실을 숨길 수 없었기 때문에 머리를 깎고 난 뒤에는 반드시 그 이발사를 죽여버렸다. 그러던 중, 어떤 이발사가 너무나 간절하게 살려달라고 애원하여 [비밀을 지킨다]는 약속을 받고 돌려보냈다. 그런데 이 이발사는 비밀을 지키던 중 이상한 병에 걸리고 만다. 점쟁이가 그에게 병의 원인은 말하고 싶은 것을 말하지 못한 때문이라고 하면서, 누구에게도 들리지 않도록 마을 구석에 있는 버드나무를 향하여 하고 싶은 말을 하는 것이 좋겠다고 알려주었다.

그래서 이발사는 버드나무를 향하여 [임금님 귀는 당나귀 귀, 임금님 귀는 당나귀 귀]라고 소리쳤더니, 병은 거짓말처럼 금방 나아졌다. 그런데 바람이 불어 버드나무 가지가 흔들릴 때마다 〔임금님 귀는 당나귀 귀〕라고 울려퍼져서, 결국 온 나라 백성이 임금님이 가진 비밀을 알아버리고 말았다. 임금 님도 그 사실을 전해 듣고 모두에게 알려졌다면 더 이상 모자 를 쓸 필요가 없다고 생각하여 모자를 벗어버렸다. 그런데 백 성들은 오히려 그런 임금님을 더 좋아하고 〔당나귀 귀를 가진 임금님〕으로서 존경했다는 이야기이다.

☞ 비밀을 지키는 것의 어려움

어린이들은 이 이야기 속에서 〔임금님 귀는 당나귀 귀〕라 는 여러 번에 걸쳐 재미있게 반복되는 말을 즐기면서, 그들에 게 있어 상당히 중요한 〔비밀〕이라는 부분과 깊이 연관된 것 으로서 흥미를 가지고 듣는 것 같다. 확실히 이 이야기는 우 리에게 비밀의 신비함에 관하여 많은 것을 가르쳐준다. 우선, 비밀을 지키는 동안 병이 난 이발사의 일이다. 이것은 비밀을 지키는 것의 고통과 어려움을 단적으로 나타내고 있다. 비밀 은 신체 내부로 침입해온 이물질처럼 밖으로 내보내지 않으 면 견딜 수 없는 때가 있다.

인간의 마음은 어느 정도 통합된 존재다. 대부분의 경우 비 밀은 그러한 통합을 파괴하려는 것처럼 느껴진다. 단순히 생 각하면 임금님을 존경하는 것과 임금님이 당나귀 귀를 가졌 다는 사실은 양립하기 어렵다. 그렇기 때문에 임금님이 당나 귀 귀라는 사실은 소문으로서 굉장한 가치를 갖게 된다. 따라 서 이발사가 여러 사람에게 이야기하고 싶어지는 것도 무리 가 아니다. 결국 그것을 계속 참는 것이 신체의 병을 초래해버린 것이다.

우리와 같은 심리치료자는 개인이 지닌 많은 비밀을 듣고 그것을 지켜주지 않으면 안 된다. 그러나, 그러기 위해서 상당한 마음의 통합성과 안정성을 가지고 있지 않으면 안 된다. 심리치료자가 심신의 병에 걸리기 쉬운 이유도 이러한 부분과 상당한 관련이 있을 것이다. 이것은 글자 그대로 대로 신체 여러 기관의 긴장을 통하여 인간을 이해해가는 직업이다.

☞ 임금님의 입장

〔임금님 귀〕의 이야기를 임금의 입장에서 생각해보기로 하자. 임금님으로 보면 〔당나귀 귀〕는 운명에 의해서 주어진 어쩔 수 없는 결함이었다. 그가 할 수 있는 것은 여러 가지 수단을 동원하여 그와 같은 사실을 숨기는 것이 고작이었다. 그때문에 살인이라는 수단도 피할 수 없었다. 왕이 범한 많은 〔살인〕을 그가 비밀을 지키기 위해서 얼마나 많은 〔감정을 죽이고〕 〔인간관계를 죽여〕 왔는가 라고 생각한다면 이해하기 쉬울 것이다. 실제 우리는 자신의 결점을 숨기기 위해 얼마나 많은 것을 죽여왔던 것일까?

곁들여서 살해당하는 것이 이발사라는 점도 흥미롭다. 이발사는 머리모양을 바꾼다라는 의미에서 〔인격의 변화〕와도 관련되어 꿈이나 이야기에 자주 나타난다(「휘가로의 결혼」의 휘가로가 그 전형적 예이다). 임금은 자신의 결점을 감추는 것에 급급하여 자신에게 주어진 인격변화의 기회를 묵살해 버린 것이다.

🐢 비밀의 공개

그런데, 어떤 이발사의 탄원이 임금님의 마음을 움직여 죽이는 것을 그만둔다. 아주 작은 것에 마음이 움직여서 어떤 의미있는 것을 실행하는 계기가 되는 경우가 많다. 임금은 지금까지 살해해왔던 자신의 감정에 과감히 자신을 맡기기로 결심한 것이다. 임금은 그 후 숨기고 싶은 자신의 비밀이 온 나라에 퍼졌다는 것을 알았을 때, 이발사를 즉시 처벌하지 않고 그 경위를 파악하였으며 곧 소문을 낸 것이 〔버드나무의 흔들림〕이었다는 것을 알게 되었다. 인간이 아무리 노력해도 〔자연〕의 힘에는 당해낼 수 없는 때가 있다. 이러한 것을 깨달은 임금은 자연의 힘 앞에 문자 그대로 〔모자를 벗었던〕 것이다.

임금님의 이러한 태도를 본 백성들은 임금님의 감추고 싶어했던 결점을 알게 되었지만, 전보다 더 임금님을 존경하게 되었다는 점이 중요하다. 인간은 자신의 커다란 결점이 다른 사람에게 알려진다 해도, 그로 인해 반드시 다른 사람에게서 무시당하게 된다고 단정지을 수는 없다. 백성이 〔당나귀 귀를 가진 임금님〕이라고 존경한 것은 임금님의 결점이 오히려 백성들에게 친근감을 불러일으키는 통로가 되었다고도 말할 수 있다.

결점을 알리는 것, 비밀을 알리는 것이 반드시 무시당하는 계기가 되지는 않으며, 오히려 그 반대의 경우까지 초래한다. 그러나, 〔당나귀 귀를 가진 임금님〕의 이야기가 시사하는 것처럼 그러한 것이 일어나기 위해서는 이에 알맞은 노력이나 시간이 무르익는 것 등의 요소가 필요하다는 사실을 잊어서는 안 된다. 안이한 비밀의 공개는 위험만을 초래할 수도 있다. 또는 비밀을 알게 된 사람도 신중하게 그것에 대응하지 않으면 역시 위험한 상태에 빠지게 된다.

☙ 유아기의 체험

어느 다섯 살 난 여자아이가 치한에게 성폭행 당할 뻔하는 대단히 무서운 감정을 체험하였다. 그러나 그 아이는 그 일을 누구에게도 말하지 않았다. 어머니에게 말하려고 했지만, 아무래도 말할 수 없었다. 그 후 그 아이는 성장하면서 많은 불행을 경험하였고, 그 불행은 유아기에 체험한 비밀을 중심으로 마음 속에 강한 상처로 남게 된다. 30세 가까이 되어 결혼 이야기가 나오게 되자 점점 더 고통스러워졌으며, 드디어 견딜 수 없게 된 그녀는 용기를 내어 지금까지 비밀로 간직했던 유아기의 체험을 어머니에게 털어 놓았다.

그녀가 어렵게 용기를 내어 어머니에게 말했으나, 어머니는 의외로 〔지금에 와서 뭐 때문에 그런 말을 하는 거냐?〕라는 차가운 말과 조소에 가까운 질타를 가했을 뿐이었다. 그녀는 어머니의 조소를 듣고 자신이 세상에서 완전히 단절된 듯한 느낌을 받았다. 얼마 지난 후 그녀는 스스로 목숨을 끊었다.

〔30세 가까이 된 지금에 와서 어릴 때의 치한 이야기를 꺼내는 것은⋯〕라는 어머니의 말은 한 가지 관점에서 본다면 그렇게 틀린 말이 아닐지 모른다. 그러나 딸이 어머니와 함께

공유하기 원했던 [비밀]의 의미는 어머니가 느끼는 것을 훨씬 넘어서는 깊이를 가진 것이다. 어머니의 아무런 공감없는 거부가 딸에게는 세상으로부터 거부당했다고까지 여겨져 죽음 이외의 다른 길은 없다고 느낀 것은 아닐까? 이 여성에게 있어서 치한에게 당할 뻔한 사건은 인생의 두려움, 불가사의, 그런 모든 것을 응집시킨 체험이었던 것이다. 그것은 간단히 언어화할 수 있는 것이 아니었다. 그것은 신체적인 것과 정신적인 것으로 구별될 수 있는 체험이 아니라, 존재 그 자체와 관련된 체험인 것이었다. 그녀가 당시의 일을 어머니에게 말할 수 없었으며, 30세가 다 되어 겨우 말하고 싶다고 느낀 사실이 왠지 마음 한 구석에 강하게 남는다. 또한, 그렇기 때문에 어머니의 조소가 그녀의 생명을 앗아갈 정도의 것이 되었을 것이다.

🍃 출생의 비밀

비밀을 언제, 누가, 어떻게 털어 놓는가는 상당히 중요하다. 한 어머니로부터 자신의 자녀가 양자인데, 그러한 사실을 본인에게 알려야 할지에 관하여 상담을 받으러 온 적이 있다. 태어나자마자 곧 친척으로부터 데려왔기 때문에 본인은 전혀 모를 것이다. 그런데 아이가 고등학교 2학년에 되면서 갑자기 성적이 떨어지며 아무래도 불안정해 보였다. 혹시 그 원인이 [비밀]을 알아차렸기 때문이 아닌가 하는 걱정이 되어 상담을 받으러 왔다. 이 전에 어떤 교육자에게 상담을 받았는데 그는 [진실을 숨겨서는 안 된다]고 말했으며, 그래도 불안해져서 다른 사람을 찾아가 상담하자 이번에는 [본인이 모른다면 말해서 안 된다]는 조언을 들었다. 도대체 누구 말을 따라야 할까요? 라는 상담이었다.

이 경우 어느 쪽이 맞는가라는 토론은 의미가 없다. 어느 쪽도 일리는 있으며, 토론을 하자고 하면 얼마든지 할 수 있을 것이다. 그러나 그런 것보다 여러 가지 인간관계나 어떤 가정의 역사가 있다고 할지라도, 양자인 본인에게는 어쨌든 그 사실이 그렇게 간단히 받아들이기 어려운 문제인 것이다. 아이에게 있어서 그와 같은 사실이 어떤 의미가 있는가를 어른이 얼마나 함께 공감하는가가 가장 중요한 것이다.

☞ 고통의 공유

이 경우, 내가 [전문가의 의견]으로 비밀을 계속 유지해나가야 한다든가, 털어 놓아야 한다고 대답하면 이 부모들은 전문가에게 자신들의 책임을 떠넘기고 양자인 자녀와 함께 짊어져야 하는 고통을 유기해버리고 말 것이다. 그러므로 이 경우 내가 해야 할 일은 기대하고 있는 [대답]을 하는 것이 아니라, 부모들이 자신의 자녀가 처한 상태를 진심으로 이해할 수 있도록 돕는 것이다.

이 경우는 이해를 잘 하는 부모이어서 상담을 하면서 어떻게 해야 할지를 깨달아 입양을 한 부모만이 아니라, 친부모도 함께 모여 이 어린이에게 왜 양자를 삼지 않으면 안 되었는지에 대한 상황을 설명해주고, 그 동안 혼자 감당해야 했던 고통에 대해 사과했다고 전해주었다. 이 학생은 이 일을 계기로 사실을 받아들이게 되었고, 이 후 양부모와 친부모 모두와 좋은 관계를 유지할 수 있게 되었다.

비밀을 털어 놓고 그것을 공유할 때, 그것에 동반되는 고통이나 슬픔의 감정도 함께 경험할 각오가 없으면 그와 같은 일은 좀처럼 잘 해결되지 않는다.

4
비밀의 보물찾기

✥ 놀이치료의 장면

비밀은 인간에게 있어 상당히 소중한 부분이기 때문에, 심리 치료의 장면에서는 어떤 형태로든지 항상 관련되어 나타난다고 해도 과언이 아니다. 또한 어린이의 놀이치료 장면에서도 중요한 단서로서 자주 나타난다. 어린이에 대한 심리치료는 결국 어린이가 가진 자주성을 가능한 한 존중하여 어린이가 자유롭게 표현할 수 있도록 촉진하는 것이다. 이처럼 놀이 속에서 어린이 자신이 스스로 치유할 수 있는 힘을 발휘할 수 있다면 치료의 진전이 있는 셈이다. 중요한 것은 어린이들이 잠재적으로 갖는 자연 치유의 힘을 자유롭게 발휘할 수 있는 장소를 제공해주는 일인데, 실제로 경험해보면 이는 그렇게 간단한 것이 아니다. 다음은 [비밀]이라는 주제가 상당히 중요한 역할을 한 놀이치료의 예를 간단히 소개하기로 한다. 치료자는 기무라 하루꼬이다.

초등학교 3학년생인 P는 정서적으로 불안정하며 학교생활에 잘 적응하지 못한다는 등의 이유로 상담에 이끌려왔다. 지능발달도 일년 정도 지체되어 있다고 한다. 치료 첫 대면에서 P는 치료자에게 직립부동자세에서 몸을 꾸벅 숙이며 인사를 했는데 꼭 나무토막의 중간이 꺾인 듯한 느낌이다. 치료실에 들어서자 곧 놀기 시작했으나, P가 말하는 [야구], 즉 치료자가 공을 던지고 그것을 P가 치는 놀이를 한 시간 동안이나 계속했다. 이때의 인상을 치료자는 P가 [호리호리하고 키가 크며 매우 귀여운 얼굴을 한 소녀였지만, 항상 눈은 크게 뜨고 이리저리 굴리며 긴장한 듯한 표정을 짓고 있었다. 어딘가 상태가 안 좋은지 모든 게 뒤엉킨 것처럼 계속해서 높은 톤의 어조로 이야기하고 있는 그 아이의 말은 문자로 옮긴다면 가다가나(역자주 : 일본어의 표기방법은 히라가나와 가다가나가 있는데, 일반적으로 가다가나는 보조적인 형태로 많이 사용되며 외래어 표기, 전보문 등에서 주로 사용된다)로 밖에는 표현할 수 없을 만큼 어색한 것이었다]고 기술하고 있다.

　2·3회의 놀이가 계속되는 동안, 놀이 도중에 가끔 P가 갑자기 치료자에게 다가와서 몸을 만지면서 [저,선.생.님.들.어. 줄.거.야?]라며 어리광섞인 목소리로 말한다. 그래서 치료자가 이야기를 들어줄 자세를 갖추면 아무 말도 하지 않고 멀어져 갔다. 그리고 4회에는 [나의.비밀, 선.생.님. 보.여.줄.께] 라면서 가방 속에서 책을 꺼내서 [고장난 녹음기처럼 강박적으로] 설명을 반복하고는 치료자에게 안겼다. 물론 치료자도 P를 꼭 안아줬는데, [처음에 P를 안았을 때 너무나도 몸이 딱딱하여 놀랄 지경이었다. 뭔가 이상했다. 접촉한다는 느낌이 없다고나 할까, 아이를 안고 있는 느낌이 들지 않았다].

3회 째는 무언가 비밀을 털어 놓을 듯하면서도 아무것도 말하지 않았던 P가 4회 째에 〔나의. 비밀〕을 보여주었다. 그러나 아쉽게도 치료자는 P의 반복되는 설명을 들었음에도 불구하고 내용을 좀처럼 파악할 수 없었다. 그보다는 이번 치료에서 치료자가 가장 마음에 걸렸던 부분은 〔난 이 아이를 정말 꽉 안을 수 있게 될까?〕였다고 기록하고 있다.

☜ 쌓여 있는 것을 밖으로 내보내다

이처럼 놀이와 끌어안기를 반복하는 동안, 8회 째에 우연히 다음과 같은 일이 일어났다. 놀이치료가 끝난 후에 P는 급하게 화장실에 가고 싶어했다. 그런데, P를 기다리던 어머니가 졸고 있어서 치료자가 P를 달래면서 화장실에 데려갔다. 화장실에서 나온 P는 〔선.생.님.고.마.워.고.마.워.기.분.이. 좋.아.똥.많.이.나.왔.어.5.개.나.왔.어〕라고 여러번 반복하여 말했다.

이것은 상당히 중요한 사건이라고 말하지 않을 수 없다. 〔쌓여 있는 것을 밖으로 내보내는〕행위로서 대변은 꿈에서도, 어린이의 놀이에서도 의미있는 것으로 여긴다. 아마 P는 치료자의 도움을 받아 지금까지 막혀 있던 감정의 응어리를 〔다섯 개나〕 내보내고 상당히 편해진 것은 아닐까? 그리고 여기서는 치료자가 우연히 어머니의 역할을 대신했다는 점도 주목할 만하다. 이러한 대변 사건으로 치료자와 P의 거리는 훨씬 가까워졌던 것이다. 심리치료 과정에서 〔우연히〕 일어난 사건이 커다란 의미를 가지는 경우가 많다. 그러나 이처럼 우연히 일어난 대변 사건도 사실은 내적인 강한 필연성에 의해서 일어나는 것이다.

🐱 치료자와의 접근

치료자와 P의 거리가 가까워진 결과는 11회 째 더욱 분명해졌다. P는 치료자를 향하여 [엄.마]라고 부르며, [어.머! 기무라.선.생.님.을.엄마라고.잘못.불.렀.다. 왜.그.랬.지]라며 스스로도 이상해 했다. 그 후 P는 자주 치료자를 [엄마]라고 불렀는데, 본인이 잘못 부른 것을 알아차리지 못할 때는 치료자도 그것에 대해 [그래]라고 대답해주었다.

이처럼 어린이가 치료자에게 [엄마]라고 부르는 것은 흔히 일어나는 일이다. 나 같은 남성에게도 [엄마]라고 부르는 어린이가 있다. 그렇다고 치료자와 환자의 관계가 어머니와 자녀 관계처럼 밀접한 관계가 되어 나중에 분리되지 못하는 것은 아닌가라는 걱정은 할 필요가 없다. 치료자의 자세가 확실하기만 하다면, 어린이는 필요할 때는 -오히려, 치료자가 냉정하다고 느낄 정도로- 확실하게 멀어져가는 것이다. 이 예의 경우도 그랬는데, 그런 경험을 할 때마다 어린이가 성장할 때 발휘하는 강한 힘에 경탄을 금치 못한다.

P와 치료자의 거리는 점점 가까워져서, P는 [선.생.님. 몇 살?]묻고 나서, 곧 [39세]일거라고 추정했다. P의 어머니는 39세였고, 치료자는 사실 20대였다. 20회 경에 P는 감기로 2주 간 쉬었다. 이런 현상도 자주 있는 일인데, 커다란 변화가 일어날 때 신체적인 병을 앓는 어린이가 많다.

21회 째 P는 [엄마의 비밀]과 집에서 엄마행동을 조금 말해주었는데, 그 내용은 정확하지 않았다. 치료자는 [나중에서야 알아차렸는데, 자신이 P의 치료과정을 기술한 기록문의 문자도 부분적으로 가다가나로 표기되어 있었다]고 기록하고 있었다.

◎ 치유극

22회에 극적인 일이 생겼다. P가 생각해낸 [칼싸움 놀이 연극]이 시작되었다. P는 제니가다 헤이지(주:일본 사극에 나오는 나쁜 사람을 잡아들이는 관리), 치료자는 깡패 [곰보파]의 부하가 되었다. 곰보파가 헤이지에게 보내는 [결투장]을 치료자에게 읽히며, [선생님처럼 부드러운 목소린 안 돼, 좀더 무서운 소리로!]라고 주문을 했다. 헤이지는 아내(P의 어머니 이름을 붙였다)에게 [잘 있으라]는 말을 남기고 결투를 하러 갔다. 치료자는 첫번째 부하 [산다로우]와 두번째 부하 [시치고로우]가 되어 칼싸움을 하는데 결과는 헤이지에게 당한다. P는 [어때? 선생님, 내가 잘했어? 재밌어?]라면서 눈을 반짝인다.

이 때의 인상을 치료자는 [P의 연기는 실감나고 입이 벌어질 정도로 잘 했다. 일상생활의 회화보다 훨씬 더 많은 감정이 들어 있었다]고 기술하였다. 이러한 연극을 [치유극]이라 불러도 좋은데, 이 때의 연극 각본이나 연출은 모두 어린이에게 맡겨지며 치료자인 어른은 단지 그것에 따라가는 것이 특징적이다. 그럴 때 우리는 이상하게도 어린이가 추구하는 의

도가 가슴에 와 닿아서 아무런 [사전 논의]가 없이 연극에 참가할 수 있는 것이다. 아무리 그렇다 하더라도 이 경우는 지능도 낮고 정서도 불안정한 초등학교 3학년의 아이가 자유롭게 표현할 수 있는 장소를 제공받아서, 이처럼 생생하고 박진감 넘치는 표현활동을 한다는 것이 그저 놀라울 뿐이다. 따라서 아이들의 우주는 어른이 상상하는 것보다 훨씬 더 장대한 것이다.

다음 회에도 [칼놀이의 연극]이 계속된다. 마지막 부하인 [고로우]도 헤이지에게 당하고, 헤이지는 집에 돌아와서 아내와 함께 무사히 돌아온 것을 기뻐한다. 치료자가 자, 다음에는 드디어 곰보파의 우두머리가 등장한다고 신이 나서 말하자, [깡패는 없어지고 마을은 평화롭게 되었습니다. 끝! 곰보파는 3명밖에 없어요!]라는 의외의 결말을 내렸다. 그 후 계속되는 2회는 야구놀이가 대부분이었고, 연극은 하지 않았는데 26회에 또 재미있는 연극이 전개되었다.

☜ 보물찾기

26회에 [보물찾기]를 하자면서, P는 [곰보 1호], 치료자는 [2호]가 되어 [도둑맞은 다이아몬드]를 찾기로 했다. 두 사람은 무전기로 연락을 하면서, 치료실 여기저기로 보석을 찾아다녔다. 치료자는 적당한 돌이나 구슬을 발견하고 [아, 이건가?]라고 말해보았지만, 그 때마다 P는 목을 옆으로 내저어서 결국 비밀의 보석은 발견하지 못한 채 끝났다. 그러나 P는 [아, 재미있었다. 선생님, 이런 재미나는 놀이 해본 적

있어요?]라고 상당히 즐거워했으며, P의 감격에 치료자도 덩달아 감동할 정도였다. 이 때의 감상을 치료자는 다음과 같이 기록하였다.

[정작 중요한 다이아몬드는 발견하지도 못한 채, 우두머리도 등장하지 않은 3류 칼싸움 영화와 비슷하다. 그러나 P는 다이아몬드가 숨겨져 있는 주변을 아마 지금까지 살아오는 동안 경험하지 못했을 정도의 굉장한 에너지와 감정을 쏟으며 탐색했다. 지금은 다이아몬드 그 자체의 발견보다도 치료자와 함께 찾는다는 사실에 의미가 있다고 생각한다].

☞ 이별의 선언

그 이후의 경과는 조금 생략하여 정리한다. 이 후, P가 치료자를 [엄마]라고 잘못 부르는 일은 없어졌다. 30회에 P는 갑자기 [여기, 내년은 안 와요]라고 선언한다. 그런 선언이 P 자신의 결정인가를 의심하는 치료자에게 [그래요, 슬프지만 난 이제 10살이 됐어요]라고 확실하게 대답했다. 이런 것이 아이들의 훌륭한 점이다. 이별의 슬픔을 느끼면서도 내년부터는 자신의 힘으로 헤쳐나갈 것을 결심한 것이다. 치료자는 조금 당황하면서도 내년까지의 10개월을 효과적으로 활용하기로 작정하였다.

이 때부터 P는 자신이 작사 작곡한 노래들을 부르기 시작했다. [눈물의 마지막 선물], [이별의 노래] 등 슬픈 노래와 [둘이서 가요. 저 들로], [T셔츠를 입은 너] 등 즐거운 노래도 함께 불렀다. 치료자와의 이별과 스스로 길을 개척해가려는 기분을 노래를 빌어서 표현하는 것처럼 느껴졌다.

36회, P는 갑자기 [기무라 선생님, 죽어요?]라고 물으면서, 잠시 [죽음]에 관한 질문이 이어졌다. 한편으로 놀이는 상당히 활발해졌는데, 드디어 서커스 놀이라고 이름 붙이면서 탁구대 위에 놓여 있는 사다리에서 뛰어내리기 시작했다. 활발한 것은 좋지만, 위험했기 때문에 치료자는 걱정하면서 하지 말라고 말려보았지만 P는 좀더 하겠다며 말을 듣지 않았다. 치료자는 P가 좋아하는 것은 무엇이든지 허용하고 싶지만, 너무 걱정이 된다고 열심히 설득하여 다섯 번만 뛰어내린다는 선에서 타협이 성립되었다.

그후 [죽음]에 관한 질문이 계속되었는데, 49회 [선생님 죽어요? 나도 죽어요?]라고 물어서, 치료자가 [두 사람 중 누가 죽을거라고 생각해?]라고 되묻자, P는 [음, 거짓말! 죽으면 큰일이야!]라고 말하면서 활기를 되찾았다. [선생님 너무 좋아요]라면서 오랜만에 안겼는데, 처음에 안겼을 때와 비교하면 훨씬 [접촉한다는 느낌]이 들었다. [기무라 선생님은 정말 멋있어. 눈도 반짝반짝, 태양처럼—]이라는 [기무라 선생님의 노래]를 부르며 치료자를 칭찬해주었다.

🐚 과거의 자신과의 결별

마지막 바로 전회인 54회에는 [이별], [쓸쓸하다]고 말하면서, 괴물 인형 가네곤을 모래 놀이치료에 사용하는 모래 상자의 한가운데 뉘이고 모래를 천천히 뿌려서 묻었다. P는 그것을 가네곤의 무덤이라고 부르면서, [가네곤은 나쁜 짓이나 난폭한 짓은 안 해. 그렇지만 돈을 먹으니까 역시 모든 사람을 곤란하게 해요]라면서 무덤을 꽃으로 장식하고 묘의 좌우에 손으로 〔가네곤의 무덤〕〔안녕, 가네곤〕이라고 썼다. 치료자는 〔매장된 가네곤이 지금까지의 P 자신이라고 생각되어 가슴이 메이는 느낌이 들었다〕.

마지막회인 55회, P는 여러 가지 놀이를 이것저것 했다. 〔오늘로 헤어진다〕고 여러 번 반복하면서, 〔선생님, 안녕. 나 중학생이 돼서 와도 좋아요?〕라고 물었다. 〔선생님은 언제라도 P를 기다리고 있다〕는 치료자의 보증을 얻고나서, P는 〔비교적 담담한 표정으로 돌아갔다〕. 또한 그녀는 그 때부터 학교에서 이전처럼 두드러진 문제행동을 하지 않게 되었다는 보고가 있었다.

☙ 비밀과 함께 산다

학회지에 발표된 것보다는 상당히 생략한 것이지만, 그래도 비교적 상세하게 놀이치료의 과정을 소개했다. 이것은 우선 아이들에게 놀이치료실처럼 허용된 분위기의 장소가 주어지기만 하면, 얼마나 활기차며 창조적으로 자신의 세계를 표현할 수 있는지 놀이치료의 실태를 알리고 싶은 마음에서 였다. 심리치료를 자칫하면 내담자가 가진 비밀을 파헤쳐내는 것이라고 생각하는 사람도 있는 것 같은데, 이 예에서 나타낸 것처럼 치료자에게 요구되는 것은 어린이의 마음을 탐색하거나 측정하고 분석하는 것이 아니다. 오히려 어린이의 마음의 섬세한 움직임에 민감하게 반응하며, 거기서 표현되는 세계

속에서 가능한 한 함께 숨쉬려는 감수성과 헌신하는 자세가
필요한 것이다.

🐚 [비밀]과 [보물]

그런데 이 예에서 [비밀]은 무엇인가? P는 [나의 비밀]을
말하려 했으나, 그 내용은 확실히 알 수 없었다. 그러한 사실
을 어떻게 받아들일까? 여러 가지 의견이 있겠지만, 나는 다
음과 같이 생각한다. P에게 있어서의 [비밀]은 무척이나 소
중한 것이었지만, 그것은 아마 간단히 언어로 표현할 수 있는
성질이 아니었을 것이다. 또한 그것은 그렇게 간단히 손에 넣
기도 어려운 것이 아니었을까? 이것은 P의 연령을 고려할
때, 명확히 언어화할 수 없는 것은 당연하다고 생각된다.

P가 획득하려고 했던 [보물]은 확실한 형태를 가진 것이
아니었다고 생각된다. 오히려 P와 함께 보물찾기에 열중해
줄 수 있는 사람을 얻는 것이며, 놀이치료 과정 속에서 그것
을 체험하려 했던 것은 아니었을까? 그러므로 P가 연극을 그
렇게 즐겼던 것이 아닐까? 그러나 그것은 앞으로도 계속 지
속되어야 할 것으로, 완료라고 말할 수 없는 것이다. [칼싸움
놀이 연극]에서 우두머리가 등장하지 않았던 것도 이러한 사
실과 관련이 있다고 본다. 말하자면 P는 놀이치료실에서 경
험한 모든 것이 [보물]이며, 그것은 치료가 종결된 후에도 P
에게 지속되어야 한다.

P가 [엄마의 비밀]에 관해 말하려 한 것이나, 치료자를
[엄마]라고 잘못 부른다든지, 꼭 안기지 못했다는 사실을 미

루어 보면, P가 찾고 있는 보물이 어머니와의 관계에 상당히 관련되어 있다는 사실을 짐작할 수 있다. 치료자와 경험한 관계를 통하여 P는 어머니와의 관계를 개선해갔다고 추론할 수 있는데, 이것이야말로 [엄마의 비밀]이며 [보물]이 아니겠는가? P는 그것을 명확하게 언어화할 수 없었지만, 원하는 것을 손에 넣어서 만족해 한다고 생각된다. 그러한 사실은 처음에는 치료자를 [엄마]라고 잘못 부르는 정도였으나, 스스로가 연출한 연극에서 자신이 정의의 사도가 되어서 치료자가 맡은 깡패 부하를 물리치는 대활약을 하고 나서, 어머니의 이름과 같은 [아내]에게 돌아가 무사한 것을 서로 기뻐한다는 것에서도 잘 나타난다. 그 후, 치료자를 어머니로 착각하는 일은 없어지고 [슬프지만]이라는 단서를 붙이기는 했지만 이별을 선언하는 대단한 전개가 어디까지나 어린이의 주관적인 움직임 속에서 생겨났다는 사실은 높이 살만한 가치가 있다. 만약, 어른들이 지능이 낮고 정서적으로 불안정한 아이에게 무엇인가 [지도]하려고만 한다면, 이런 훌륭한 일은 결코 일어나지 않았을 것이다. 어린이가 가진 우주의 광대함에 대하여 우리 어른은 더욱 더 경의를 표해야만 한다.

Ⅲ. 어린이와 동물

🐾 동물과의 사귐

아이들은 동물을 좋아한다. 이것은 시대나 문화의 차이를 넘어선 진리라고 말할 수 있는데, 최근에는 이같은 경향이 더 뚜렷하다는 느낌이 든다. 쯔루미 쉰스께는 초등학교 학생과의 좌담회에서 〔즐거운 일이 무엇인가?〕라고 묻자, 아이들이 한 목소리로 〔동물과 함께 있을 때〕라는 대답을 해서 놀랐다고 보고했다. 이같은 현상은 현대에서 인간관계가 얼마나 소홀한가를 잘 나타내는 것이라고 탄식하면서도, 그는 〔사람과 사람 사이의 소홀한 관계를 개선하자고 호소하기보다는 동물, 식물, 풍경과 보다 친밀한 관계를 갖는 편이 믿을만한 방법이라고 생각되었다〕고 결론짓고 있다. 확실히 아이들은 동물과 사귐으로써 인간과 사귀는 방법에 대해 깊이 배우게 되는 것처럼 보인다.

이미 Ⅱ장에서 소개한 『비밀의 화원』에서 마음에 깊은 상처를 받은 소녀 메리에게 처음으로 친절하게 다가 온 것은 한 마리 종달새였다. 그녀는 종달새와 만나면서 닫혀진 마음을 다른 사람에게 열 수 있게 되었던 것이다.

Ⅲ장을 〔어린이와 동물〕이라는 제목을 붙이자 마자, 여러 가지 어린이와 동물에 관한 예가 머리에 떠올라 도대체 어떤 것부터 언급해야 할지 망설이게 될 정도이다. 그 중에는 '그런 이야기가 정말 있었을까' 라는 의문이 생길 정도의 이상한 교류가 사람과 동물 사이에 생겨나기도 한다. 동물이 어린이를 대신해 죽었다고 생각하게 되는 예도 있다.

보다 더 이상한 이야기는 그 장소에 있으면서 여러 가지로 관계를 가진 사람은 납득할 수 있겠지만, 나중에 이야기를 듣거나 문자화된 것을 읽으면 바보 같다고까지 느껴질 수도 있기 때문에, 어떤 이야기를 할 것인가 하는 선택은 몹시도 어려운 일이다.

아마, 마음이나 몸이 아픈 경우는 인간의 감수성이 이상하게 예민해져서 동물과 생각하기 어려운 교류를 경험할 수 있는 것 같다. 그렇다면 아프다는 것은 그것에 지불해야 하는 대가가 크지만, 때로는 특권이라고도 여겨진다.

1
동물의 지혜

☺ 입을 열지 않는 아이

어떤 초등학교 1학년 남자아이 K는 학교에서 한마디도 하지 않는다. 집에서는 어떤 편인가 하면 말을 잘한다기보다 지나치게 수다스럽다고까지 느낄 정도지만, 집 밖에만 나가면 전혀 말을 하지 않는 것이다. 이러한 예는 비교적 많아서 선택적 침묵증(selective mutism)이라고 진단한다. 즉, 어떤 상황에서는 말을 전혀 하지 않는 것이다. 말을 할 수 있는데 어떤 시점부터 전혀 말하지 않는 완전 침묵증은 그 예가 극히 드물지만, 선택적 침묵의 어린이는 어떤 학교에서도 한 명 정도는 만날 수 있다.

선택적 침묵의 어린이는 처음 만나는 담임 선생님의 대하는 태도에 따라서 경과에 상당한 차이를 보인다. 교사가 침묵하는 어린이를 놀림거리로 보거나 바보 취급을 하면 다른 아이들도 곧 거기에 동조하여, 침묵하는 어린이는 마음의 상처가 점점 깊어지고, 그 때문에 말할 기회는 점점 멀어질 뿐이다. 그렇다고 반대로 아무리 해도 말하지 않을 거라고 쉽게 체념하고 방치해두거나 처음부터 〔말하지 않는 아이〕로서 취급해버리는 것도 바람직하지 않다. 적절한 기대를 가지면서도 그것이 어린이에게 지나친 압력으로 느껴지지 않도록 대하는 것이 이상적인데, 과연 그것은 어떻게 하면 좋은가?

🐢 K와 거북이

교사는 초조해야 할 필요가 전혀 없다. 그 아이를 따뜻한 눈으로 지켜봐준다면, 자연히 뭔가 계기가 찾아오기 마련이다. 어느 날, 어떤 학생이 거북이 한 마리를 잡아와서, 친구들은 어항 속에 넣어 교실에서 기르기로 했다. 그런데 K도 거북이에게 상당한 관심을 보였다. 병에 모기를 잡아와서, 거북이에게 주고는 즐거워했다. 선생님은 K가 학교에서 언제나 긴장된 모습인데 거북이를 보고 있는 순간은 온화한 표정이 된다는 사실을 발견하였다. 그래서 반 아이들과 함께 가능한 한 거북이를 소중하게 여기며, 때로는 K에게 이야기를 걸기도 했다. K는 여전히 말은 하지 않았지만, 거북이에 관해서 이야기를 하면 조금은 끄덕거릴 수 있게 되었다.

그런데 어느 날 아침, 아이들이 학교에 와보니 거북이가 없어져버렸다. 선생님은 〔K가 가장 좋아하는 거북이가 없어져서 큰일났다〕고 말하면서, 반 아이들과 하나가 되어 학교 전체를 찾아 헤맸다. 모두가 자신들의 노력에도 불구하고 결국에는 거북이를 찾을 수 없을 거라고 느꼈을 때, 갑자기 K가 '앙' 하고 울기 시작하면서 큰소리로 〔K의 거북이가 없어졌다!〕고 외쳤다. 한참 동안 멍하고 있던 친구들 사이에서 〔어!

K가 말했다]라면서 박수가 터져 나왔다. 이 후 K는 학교에서
정상적으로 말하게 되었다고 한다.

이것은 감동적인 이야기이다. 물론 이러한 전개를 교사가
예상했을리는 없다. 그러나 K의 거북이에 대한 기분을 잘 이
해하고, 다른 아이들과 함께 거북이를 소중히 여김으로써 K
와 마음을 적절히 통했다는 점이 훌륭하다. 어린이의 마음을
소중히 존중한다고 해도, 그것을 구체적으로 어떻게 다루는
지가 중요하다. 어린이를 열심히 바라보면 이 경우의 거북이
처럼 반드시 어린이의 마음에 이르는 길을 찾아낼 수 있다.

☜ 호무치와게의 이야기

말하지 않던 아이가 처음으로 말을 하게 되는 [때]는 감동
적인데, 이 때 동물이 관련된 경우가 많다. [고사기]의 스이
닌 천황의 아들 호무치와게의 이야기는 선택적 침묵증은 아
니지만, 어린이가 처음 말하는 것과 동물과의 관계가 그려져
있어서 흥미롭다. 천황의 아들인 호무치와게는 긴 수염이 가
슴에 올 정도의 오랜 세월이 흘러도 말을 하지 않았다. 어느
날 높은 하늘을 나는 학의 퍼득거리는 소리를 듣고 [턱]이라
고 말했다고 전해진다. 이것이 왕자가 말하는 계기가 되었다
는 것인데, 나중의 이야기는 생략하기로 한다. 하여간 태어나
서부터 계속 말하지 않던 아이가 하늘을 나는 학의 자세에 자
극을 받아 소리를 냈다는 것이 인상적이다. 동물의 모습은 어
딘가 사람의 마음 깊은 곳을 움직이는 힘을 가지고 있는 것
같다.

✍ 어떤 교장 선생님

다음 절에서도 언급하겠지만 동물은 어린이의 원조자로서 우리가 생각하지 못한 의외의 힘을 가지고 있는데, 이러한 점을 전혀 이해하지 못하는 사람도 있다. 등교 거부를 하는 어떤 어린이가 밖에도 나가지 않은 채 오랫동안 집에만 틀어박혀 있다가, 조금 나아지면서 친구 집을 방문하게 된다. 그날 친구로부터 비둘기를 주겠노라는 약속을 받아 집에 돌아와서는 부모에게 비둘기를 기르고 싶다고 말한다. 그러자 부모는 곧 알고 지내던 교장 선생님에게 가서 비둘기를 기르게 하는 것이 바람직한지를 의논하였다. 교장 선생님은 한마디로 〔비둘기를 기르는 아이 중에는 쓸만한 놈이 없으니 그만 두라〕고 말했다. 부모는 그 충고를 따랐으며, 모처럼 좋아지던 아이의 상태는 다시 나빠졌다. 아이의 상태는 상당히 악화되어서 우리 전문가를 방문하지 않으면 안 됐다.

〔비둘기를 기르는 아이 중에 쓸만한 놈이 없다〕는 교장 선생님의 표현은 좀 지나치게 극단적이라고 생각되지만, 설사 그러한 단정이 정확하더라도, 그렇다고 해서 어린이가 비둘기를 기르는 것이 쓸데없다는 결론을 내리는 것은 논리에 맞지 않는다. 예를 들면 〔약을 먹고 있는 사람 중에 건강한 사람은 없다〕 그러므로 〔약을 먹는 것은 쓸데없다〕는 논리가 성립되겠느냐 하는 것이다. 조금만 생각해봐도 이치에 맞지 않는 논리라는 것을 알 수 있지만, 교육자라는 사람의 입에서 나오면 금방 왜곡된 채 받아들여 진다. 이러한 현상을 볼 때 교육

이나 어린이에 관해 언급하는 것이 얼마나 어려운 일인가를
실감하며, 그런 것에 대한 두려움조차 느끼게 된다. 아이들은
많은 경우 항변하지 못하는 입장에 있다. 이러한 것을 생각한
다면, 우리는 어린이에 대해 안이하게 단정내리는 짓은 과감
히 그만두어야 한다고 생각한다.

🐚 동물의 지혜

인간이 동물이기는 하지만 다른 동물과는 달리 많은 지식
을 가지고 있다. 이러한 지식체계를 쌓아감으로써 인간은 다
른 동물이나 자연 위에 서 있다고 말할 수 있는데, 지나치게
위에 올라가서 대지와 단절된 존재가 되어버렸다. 즉, 뿌리없
는 풀처럼 되어버리기도 쉽다. 등교 거부 어린이가 동물을 귀
여워할 때, 그것은 인류가 잊어버리고 있는 대지에 대한 접촉
을 다시 경험함으로써 동물의 지혜를 회복하려는 시도라고
말할 수 있을지도 모른다. 어른 중에는 돈을 벌거나 출세에
매달린 나머지 대지와의 접촉을 희생해버린 사람도 있다. 어
쩌면, 등교 거부 어린이가 비둘기를 기르겠다는 것을 단호히
거절한 교장 선생님도 그런 사람 중 하나였는지 모른다. [비
둘기를 기르는 아이 중에 쓸만한 놈이 없다]는 단정은 얕은
생각을 하는 인간이 가진 지혜의 정점이라고 생각된다. 인간
의 지혜가 아무리 멋지다고 할지라도, 우리는 거기에 동물의
지혜를 보태야 한다는 사실을 잊어서는 안 된다고 강조하고 싶
다.

2
등교 거부 어린이와 개

🐾 어떤 고등학생의 꿈

일본에서 등교 거부는 상당히 증가하여 일반인들도 이 증상에 대해서는 다소 알고 있을 정도이다. 현재 학교에 가지 않는 아이라 해도, 여러 가지 이유나 상태가 있으므로 일률적으로 논할 수 없다. 여기서는 등교 거부에 대해 따로 언급할 필요는 없기 때문에 그 점은 생략하지만, 등교 거부 어린이와 개의 관계라는 점에서 조금 언급해보겠다. 그러나 한 가지 덧붙여 둘 것은 여기서 언급하는 예는 본인들이 게으르거나 학교가 싫다는 이유 때문이 아니라, 자신은 학교에 가고 싶은 의지가 있는데 아무리 해도 학교에 갈 수 없는 경우이다. 또는 무리하여 학교에 가도 두통이나 설사 등의 신체 증상이 나타나 학교에 있을 수 없게 되는 경우이다.

어떤 등교 거부 남자 고등학생은 다음과 같은 꿈을 꾸었다.

〔어머니와 여행하면서 버스를 탔다. 자신의 개와 함께 가려고 버스에 데리고 탔는데, 개는 안 된다고 해서 할 수 없이 버스에서 내렸다. 할아버지에게 개를 맡기고 다시 출발한다.

이것이 개를 마지막으로 보게 될 것이라는 기분이 들었다.〕

이 꿈을 꾼 고등학생은 개를 상당히 귀여워했다. 실제 등교 거부 어린이는 개를 귀여워하는 경우가 많다. 개와 나누는 서로 피부를 통해 느끼는 교류가 그들의 기분을 위로해주는 것이다. 그런데 그는 어머니와 여행을 하면서 개와 떨어지지 않으면 안 된다는 것을 꿈으로 체험하였다. 더욱이 그것은 〔개를 마지막으로 보게 될 것 같다〕고 느낄 정도의 체험이었던 것이다.

☜ 모자분리

어린이가 자립하기 위해서는 어머니로부터 분리해야만 한다. 모자분리는 어린이나 어머니 모두에게 있어서 상당히 어려운 일인데, 등교 거부의 경우에는 이러한 모자분리의 문제가 관련되어 있다고 자주 지적되었다. 여기서 자칫 어머니가 나쁘다고 단정할 수 있는데, 이는 그처럼 간단한 문제가 아니다. 어머니와 아이는 각자의 개성과 역사가 있으며, 또한 그것에 관여된 아버지의 존재도 중요하다. 그러므로 그 속의 어떤 하나를 꺼내서 이것이 〔원인〕이라고 결정할 수 있는 것이 아니다.

이 예의 경우도 자세히 언급할 수는 없지만, 여러 가지 사정이 겹쳐서 어머니는 자녀의 자립에 지나치게 연연하게 되었다. 그 결과, 자립 이전에 어머니와 자녀가 충분히 경험해야 할 서로 피부를 맞대는 접촉을 통한 일체감이 적었다. 자립은 어려운 일로서 자립 이전에 상당한 일체감을 맛보지 않으면 안 된다. 그것이 부족하면 아무래도 부모와 분리할 때, 마음의 응어리가 져서 자립에 실패해버리고 만다. 그렇지만 지나치게 일체감 속에 몰입해버리면, 자립의 힘이 약해질것 이라는 점은 쉽게 추론할 수 있을 것이다.

🐾 자립의 방법

이렇게 말하면, 자주 오해되는 일로 어머니에게서 자립한 다는 것이 어머니와의 관계를 끊어버리는 것이라고 생각하는 사람이 있다. 이는 어리석은 생각이다. 어머니로부터 자립한 인간은 성숙한 인간 대 인간의 관계를 어머니와 가질 수 있어 야 한다. 아무런 관계도 없는 것은 고립이지, 자립이 아니다. 자립한다는 것은 어머니와 관계를 끊는 것이 아니라, 어머니 와 새로운 관계를 맺는 것이다. 이렇게 생각하면 자립은 어느 일순간에 달성되는 것이 아니고, 점진적인 단계를 거치며 그 단계에 알맞은 자립의 방법을 모색해가는 것이라고 본다.

자립에 관한 이와 같은 생각을 기초로 하여 앞에서 언급한 꿈을 생각해보면, 이 고등학생이 꿈이라는 체험을 통하여 자 립을 상징하는 여행을 어머니와 함께 떠나며, 애석하지만 개 를 남겼다는 의미를 잘 이해할 수 있다. 여기서 말한다면, 이 학생에게 어머니의 이미지는 꿈 속에서 어머니와 개로 분리 되어 있다. 즉, 그가 새로운 관계를 만들어가야만 하는 어머 니와 지금까지는 필요로 했지만〔남겨 놓고 가야 할〕어머니 (개로 표현되고 있다)인 것이다. 이 꿈 속에서는 개와 헤어지는 그의 애석한 마음과 결심이 잘 나타나고 있다. 말하자면, 자립하는 것은 쓸쓸하며 슬픈 것이다. 이럴 때 자립의 〔좋은〕면에만 마음을 빼앗겨, 이면에 존재하는 쓸쓸함이나 슬픔의 감정을 본인이나 본인을 둘러싼 어른들 모두가 알아차리지 못하면, 모처럼 좋아지기 시작한 증상이 이것 때문에 또다시 역전되어버리는 경우도 있다. 때로는 이처럼 꿈에서 그러한 감정이 표현되어, 우리가 소홀하기 쉬운 부분을 잘 감싸주는 경우도 있다.

🐾 죽음과 재생

이 고등학생은 꿈을 꾼 다음날부터 다시 학교에 가게 되었다. 사실 이 꿈을 꾸기 며칠 전에 그가 가장 아끼던 개가 덤프트럭에 치어 죽은 사건이 있었다. 그래서 그는 그동안 분노와 슬픔에 빠져 있었으나 이 꿈을 꾸고 나서, 이것을 계기로 학교에 가게 된 것이다. 이러한 일은 자주 있는 것이다. 개는 어머니의 역할을 대신하며 그에게 따뜻한 흙냄새가 나는 사랑을 가져다주는 한편, 그의 분신으로서 그가 자립할 때 극복하지 않으면 안 되는 반쪽을 등에 짊어지고 죽은 것이다. 인격의 변화에는 항상 〔죽음과 재생〕의 주제가 따라오는데, 그 죽음의 부분을 개가 맡아주었다고 말할 수 있다. 앞장에서 언급한 P의 예에서 마지막으로 괴물 인형 가네곤을 매장하는 장면은 치료자의 가슴을 메이게 했다. 그 경우에는 놀이 속에서 상징적으로 표현되었으나, 여기서는 실제 개의 죽음으로서 표현된 것이다.

우리는 이처럼 인격 변화에는 죽음의 주제가 항상 관련되어 있다는 것을 잘 이해하지 않으면 안 된다. 그렇지 않으면 자신도 모르는 사이 어떤 어린이에게 [잘 해주어야지]라는 선의에서 비롯되었으나 그 어린이를 죽음으로 몰고가는 것과 유사한 일까지도 하게 되는 경우가 있다. 좀더 지나친 표현을 하면, 급격하며 극단적인 개선을 원하는 마음의 배후에는 상대방의 죽음을 원하는 기분이 잠재하고 있다고까지 말할 수 있을지 모르겠다. 잘 아는 도쯔까 요트학교 사건(주: 일본에서 주로 등교 거부를 하는 어린이를 합숙시키면서 강인함을 키운다는 명분으로 심한 훈련을 하던 중, 훈련생을 죽여 큰 사회문제를 일으켰다)이나 최근 학원생을 학살하여 문제가 된 부동 학원의 사건을 보면서 이런 생각을 잠시 해보았다.

☜ 동물의 역할

이야기가 조금 옆으로 흘러버렸는데, 이 고등학생의 상태가 좋아지는 데는 한 마리의 개가 어머니 대리가 되기도 하고 자신의 분신이 되기도 했다. 이처럼 마지막에 학생을 대신하여 희생하는 역할을 하면서 사라질 때까지 담당한 역할은 상당히 컸다는 사실은 말할 필요도 없다. 또한 죽어서도 꿈 속에 나타나 자신의 역할을 충실히 하고 있었다. 실제 아이들의 꿈에 나오는 동물들도 어린이의 심성발달 측면에서 훌륭한 역할을 담당하고 있지만, 그것에 대하여 이번에는 생략하고 좀더 등교 거부의 어린이와 개의 이야기를 계속하도록 하자.

심리치료자인 무라세 가요꼬는 우리에게 시사하는 바가 큰 「심리치료와 자연」이라는 논문을 발표했다. 그 중에서 [심리치료 과정에 등장하는 동물의 치료적 의미)를 언급하면서, 23가지 사례를 통한 풍부한 체험을 소개하고 동물들이 어린이 심리과정에 얼마나 도움이 되는가를 분명히 했다. 여러 가지 동물 중에 개나 고양이가 등장하는 횟수가 많은데, 그 중 등교 거부 어린이와 개가 관련된 것은 3건이 있었다. 이 사례들 중, 본서에서 언급한 것과 관련이 깊다고 판단되는 예를 하나 소개하기로 한다.

☙ 소녀의 비밀

15세의 소녀로 학교에 가지 않고 가정에서 폭력을 휘두르는 예이다. [재능을 피워보지도 못한 채, 의미없는 결혼생활을 감수해왔다고 느끼는 어머니의 기대]를 짊어지고 이 아이는 성장하였다. 어머니는 소녀의 공부에 많은 관심을 가지고, [모녀가 2인 3각]으로 공부에 전념하였다. 그런데 이 소녀는 초등학교 5학년 때 성적 피해를 당했다. 그러나 그러한 사실을 아무에게도 말하지 못한 것이다.

이미 Ⅱ장에서도 성적 피해를 당하고도 아무에게도 말하지 못한 채, 혼자서 고통받은 여성의 예를 언급한 바 있다. 이런 행동으로 인해 소녀들의 마음에 남게 되는 상처의 깊이를 생각해볼 때, 이런 행동을 저지르는 남성에 대한 분노를 금할 길이 없다. 이와 함께 아이들이 어머니에게도 털어 놓지 못하고 비밀을 짊어지고 있는 고통을 생각하면 참담한 기분이 든다. 이렇게 생각하면 이 소녀가 학교에 가지 않거나 가정에서 폭력문제를 일으키는 것은 오히려 당연하다고 생각된다. 그것은 상처받은 마음을 회복하기 위하여 도움을 요청하는 증후인 것이다.

초등학교 시절에는 성적이 아주 좋았는데, 점점 떨어져서 고등학교에서는 [수재라는 우상이 곤두박질쳤다는 느낌이 강하게 들만큼 자신감의 상실]을 맛보게 되었다. 이런 느낌을 가진 어린이는 아무리 지능지수가 높아도 공부를 계속할 수 없다. 그러나 일반적으로 이와 같은 어린이는 능력이 없다든지, 게으름을 피운다고 단정해버려 교사나 친구는 물론 부모에게조차 버림받는 경우가 많다.

☜ 피부병 걸린 개와 더렵혀진 자신

이 경우에는 다행히 치료자와 바람직한 인간관계를 가질 수 있어서 조금씩 진전되었다. 어느 날 소녀와 치료자는 그늘에 누워 있는 더럽고 피부병에 시달리는 개 한 마리를 발견했다. 소녀는 개를 보자마자 그 개를 끌어안았다. 치료자는 알레르기가 있어서 조그만 자극에도 금방 기침을 하는 아이가 더러운 개를 끌어안았기 때문에 놀랐고, 본인 역시 [이상해요, 이렇게 더러운 개를 안았는데도 기침이 나지 않아요!]라고 놀란 듯이 말했다.

이것이 계기가 되어, 소녀는 치료자에게 자신이 지금까지 비밀로 간직해온 [더렵혀진 자신]의 체험을 털어 놓았으며, 치료자로부터 '너는 아무것도 더러워지지 않았다'는 보증을 얻고 나서야 좋아질 수 있었다. 치료자는 개는 소녀의 더렵혀졌다고 느끼는 자기모습이며, 그것을 받아들여 다시 통합하겠다는 의지를 표현하는 행위로 더러운 개를 자신도 모르게 끌어안지 않았는가라고 추론하고 있었다. 이런 일은 모든 것을 수용해줄 수 있는 치료자가 곁에 있었기 때문에 달성될 수 있었던 것이다. 알레르기의 소녀가 피부병 걸린 개를 자신도 모르게 끌어안고, [왜 기침이 나지 않는가?]라고 스스로 신기해 하며 반문하는 것은 참으로 감동적이다.

✆ 때가 무르익기를 기다리다

심리치료자는 등교 거부 어린이가 어떻게 하면 학교에 갈 수 있을까? 학교에 가지 않는 원인은 무엇인가? 등 단편적인 발상에 연연하지 말고, 우선 어린이와 그 세계를 공유하려고 노력해야 한다. 이 예의 경우에도 치료자는 [그림, 음악, 테니스 등을 매개로] 조금씩 둘이 공유할 수 있는 세계를 만들어 갔다고 한다. 이런 평범한 노력을 토대로 때가 무르익었을 때 한 마리의 개가 두 사람 앞에 나타났다. 더러운 개를 스스로 끌어안음으로써 소녀는 스스로가 [더럽혀졌다]고 굳게 믿었던 경험에 대한 비밀을 치료자에게 털어 놓기로 결심할 수 있었던 것이다.

이러한 전체의 흐름과 [때가 무르익기를 기다리는] 것의 묘미를 맛보지 못하고, 이 이야기에서 [등교 거부의 어린이에게는 동물이 좋다]고 판단한다면 그것은 지나친 오해이다. 동물이든, [때]든 자연히 오는 것으로 인간이 만들어 내거나 준비할 수 있는 성질이 아니다. 어디까지나 어린이 스스로가 움직여서 동물과의 관계가 생겨나는 것, 그것을 의미있는 것으로 만드는 데 필요한 어린이와 바람직한 인간관계를 가진 사람이 존재하는 것 등이 중요한 조건임을 잊어서는 안 된다. 등교 거부 어린이와 개의 관계가 눈에 많이 띄어서 이러한 제목을 가지고 쓰고는 있지만, 무라세 가요꼬가 제시한 다른 많은 사례에서도 나타나듯이, 어린이와 동물과의 관계가 물론 등교 거부와 개로 한정된 것은 아니다. 지나친 우려일지 모르나 이것을 덧붙이고 싶다.

☜ 분신으로서의 동물

마지막으로 어린이와 동물의 관계에서 또 하나 언급하고 싶은 것이 있다. 그것은 아이들이 동물을 상당히 귀여워하면서도, 어느 순간 갑자기 못살게 굴거나 학대라고 표현해도 좋을 정도의 일을 저지른다는 사실이다. 개와 고양이를 굉장히 귀여워하며 다른 식구가 조금만 만져도 버럭 화를 낼 정도의 아이가 갑자기 그것을 때리거나 차서 죽여버리지는 않을까? 라는 염려가 들 정도로 심하게 못살게 구는 경우가 있다. 이것은 지금까지 말한 것처럼, 동물이 어머니나 아버지 또는 자신의 분신으로서 받아들여지고 있다고 생각하면 쉽게 이해될 수 있을 것이다. 즉, 어린이는 사랑과 증오의 상반된 감정에 고민하게 되며, 자신도 어떻게 할 수 없는 상태가 될 때가 있는 것이다. 어머니에게 언제까지나 안겨 있고 싶다는 기분과 그러한 기분을 차내버려서 떨어지고 싶다는 두 가지의 상반된 갈등을 동물에게 나타내는 것이다(Ⅰ장 3절에서 언급한 A의 예에서 A가 어머니에게 폭력을 휘두르는 한편, 어머니가 자고 있는 이불 속에 파고들기도 한다는 사실을 상기해보기 바란다). 이러한 마음의 동요는 자기 자신에 대해 갖는 기분에도 마찬가지로 적용될 수 있다. 끊임없이 자신을 사랑스럽게 느끼는 때와 자기혐오로 견딜 수 없는 때가 공존한다. 어린이가 동물에 대해 사랑과 증오의 태도를 표현하는 경우, [이상한 아이]라고 판단하지 말고 이와 같은 어쩔 수 없는 마음의 갈등을 어른은 잘 이해할 필요가 있다.

3
환타지

🐚 환상 속의 작은 개

지금까지 어린이에게 있어서 동물과 사귀는 것이 얼마나 중요한 의미를 가지는가에 대하여 언급해왔다. 그렇다면, 그렇게 중요한 의미를 가진 동물을 너무도 기르고 싶지만, 기를 수 없는 아이들은 어떻게 되는 것인가? 이런 의문에 멋진 해답이라고 해도 좋은 아니, 어쩌면 그것을 훨씬 넘어선 보다 깊은 의미를 전해주는 작품으로서 휠리파 피어스의 『환상 속의 작은 개』를 들 수 있다. 이 작품에 대해서는 이미 다른 책에서 상세하게 설명했기 때문에, 여기서는 우리가 관심을 두고 있는 것과 관련해 간단히 언급하도록 한다.

주인공 소년 벤은 런던의 한 거리에 사는 부루잇트가(家)의 아이로서, 누나 둘, 남동생 둘을 가진 5형제 중 가운데 아이다. 벤은 인자한 부모님과 형제들 틈에서 즐겁게 생활하고 있는 것처럼 보이지만, 어딘가 모르게 소외감을 느끼고 있는 것 같았다. 인간은 아무리 혜택받은 환경에 있다 할지라도 소외감이나 고독감을 경험하게 되는 때가 있다. 그와 같은 느낌은 인간이 살아가면서 필연적으로 부딪치게 되는 것이라고 말해도 좋을 것이다. 특히 그들의 자아가 이전보다 확립되어 자립으로 향하게 되는 어린이의 경우에는 더욱 그렇다. 왜냐하면 그것은 가장 먼저 다른 사람과 다른 존재로서 의식되지 않으면 안 되기 때문에, 주위에 아무리 좋은 사람이 있더라도 알 수 없는 소외감이나 고독감이 몰려오는 것이다.

이러한 벤을 위로해준 것이 상상이었다. 벤은 힘이 센 개에 대해 상상하기를 좋아하였다. 그는 언제나 눈으로 뒤덮인 러시아 황야에서 여우와 싸우는 포르조이 개의 용맹을 마음 깊이 그린다. 포르조이 개는 황야에서 여우와 싸우는데, 여우를 향해 달려가 사정없이 무는 것이다. 아마도 벤의 마음 속에서 자립을 향해 움직이기 시작한 자아는 상당히 강한 힘을 가져야만 했으며 벤에게서 그 강한 힘은 포르조이 개의 용맹으로 나타난 것이다.

⚙ 생일 선물

벤은 자신이 포르조이 개를 가질 수 있으리라고는 상상할 수도 없었지만 그래도 개 한 마리를 기르고 싶다고 바랐다. 시골에 계신 할아버지는 벤이 형제 중에서 왠지 모르게 고립되어 있다고 느껴 생일에 개를 한 마리 주겠노라고 약속하셨다. 벤은 뛸 듯이 기뻐하며, 생일을 손꼽아 기다렸다. 그런데 할아버지로부터 온 선물은 작은 개의 그림으로 실제의 개가 아니었다. 할아버지는 벤에게 개를 주겠다고 약속은 했지만, 이것저것 마음에 걸리는 것이 있었다. 즉 벤만 특별 취급을

할 수 없고 다른 손자 손녀에게도 개를 선물하게 되면 돈이
너무 많이 들어서 곤란하며, 게다가 벤의 아파트에서는 아마
개를 기르지 못할 것이라고 생각하여 개의 그림을 보냈던 것
이다.

⚜ 치키치도 치와와

벤은 너무나 실망하고 무척 화가 났지만, 편지 내용에서 할
아버지의 마음을 이해할 수 있었기 때문에 시골에 계신 할아
버지를 방문하기로 했다. 거기서 할아버지가 벤에게 보낸 그
림 속의 개는 상당히 진귀한 종류로, 그 그림은 벤의 숙부가
멕시코를 항해하고 나서 선물로 가져온 것이라는 사실을 알
게 되었다. 그림 뒤에는 [치키치도 치와와]라고 쓰여 있었는
데, 치와와는 멕시코에 있는 한 도시 이름이며, 치키치도는 아
주 작다는 의미로 아마 이 그림의 개 이름이었던 것 같다.

그때부터 이 작은 개 치키치도는 벤의 마음 속에서 자리잡
게 되었다. 벤이 눈을 감으면 작은 개 치키치도가 나타나는
것이다. 벤은 이 개에 푹 빠져서 도서관에 가서 치와와 종류
의 개에 관한 것을 조사했는데, [치와와 종류의 개는 식용으
로 적당하다]는 사실을 읽고 충격을 받는다. 이 때문에 벤은
자신이 식인종에게 잡혀 먹힐 것 같은 악몽을 꾸게 되어 그
일로 어머니를 걱정하게 만들기도 했다.

어머니는 벤이 개를 기르고 싶은데 기를 수 없어서, 도서관
에서 개에 관한 것을 조사한다고 생각하여 개에 관한 것을 너
무 많이 생각하지 말라고 충고했다. 그러면서 어머니는 벤에

게 아직도 개를 기르고 싶으냐고 물었고, 벤은 더 이상 기르고 싶지 않다고 대답하면서도 자신도 모르게 마음 속의 치키치도에 관해 이야기할 뻔하였다. 그래서 반사적으로 개에는 [이젠 싫증이 났어요]라며 마음에도 없는 말을 해버렸다.

벤은 왜 어머니에게 사실을 말하지 못한 것일까? 그것은 그가 [자신의 개]를 비밀에 붙이고 싶었기 때문이다. 여기서 앞장에서 밝힌 비밀의 의미에 대하여 다시 생각해보기 바란다. 벤은 자신의 자아정체감을 지탱해주기 위해서 아무래도 작은 개의 일은 비밀로 해두고 싶었던 것이다. 그러나 이미 말한 바와 같이, 비밀을 갖는 것은 위험한 일이다. 벤은 자신의 치키치도에게 위로받는 한편, 그로 인해 위험을 만나게 되기도 한다.

☙ 걱정되는 상태

그 후 벤은 마음 속에서 작은 개 치키치도의 모습을 보는 것이 상당한 즐거움이었다. 눈을 감으면 치키치도가 나타나는 것이다. 그러나 그의 가족들은 벤의 즐거움을 빼앗기만 했다. 그들은 언제나 가족에게서 멀리 떨어져 있는 벤에게 신경을 써서, 뭔가 이야기를 걸기도 하고 함께 이것저것 해보려고 노력하였다. 그러나 점점 벤을 가족으로부터 멀어지게 한 셈이 되었다. 따라서, 벤은 집에서나 학교에서 멍하고 언제나 주의산만한 상태가 되었다. 물론 성적도 뚝뚝 떨어졌다. 선생님도 어떻게든 도와주려고 애썼지만 언제나 눈을 감고 멍해 있는 벤에게는 손을 쓸 수가 없었다.

드디어 교장 선생님은 벤의 시력이 나쁘다고 판단하여 어머니에게 그 사실을 알려주자, 놀란 어머니는 벤을 곧 안과에 데려갔다. 그러나 시력에는 아무런 이상이 없었다. 어머니가 그러면 왜 종종 눈을 감고 있느냐고 다그치자, 벤은 이것저것 보는 게 피곤하기 때문이 아니라, 보는 것에 질렸다고 말한다.

〔보는 것에 질렸어요. 보이는 것이라고 해야— 언제나 똑같은 바뀐 것이라곤 하나도 없고 —멋대로 부피가 커지고 지나치게 커서—너무 크고 지루해서 건질 것 하나 없고 그게 또 언제나 같은 거니까 지겹고, 바뀌는 것 하나 없는 방법이 반복하는 것뿐인데 뭘〕.

이 말에는 어머니도 할 말을 잃었다. 하여간 어머니는 벤이 심각한 상태라는 사실만은 알게 되었다. 그러나 무엇이 어떻게 심각한지를 알지 못했다.

☺ 〔번데기〕의 시기

벤 정도는 아닐지라도, 이런 일은 모든 어린이에게서 일어난다고 해도 과언이 아니다. 부모가 보면 어린이가 생각하고 있는 것, 하고 있는 것이 전혀 이해되지 않는 것처럼 보이며, 학교성적이 갑자기 떨어지거나 말을 많이 하던 아이가 전혀 말을 하지 않기도 한다. 부모의 입장에서 보면 상당히 걱정스런 일이겠지만, 나는 그것을 어린이가 성장해가는 데 필요한 것으로 생각하여 성장과정에 있어서 〔터널〕이라든가, 〔번데기〕의 상태라는 용어로 설명하고 있다. 무엇인가 열리기 전에 〔터널〕을 통과하는 것이 필요하다.

벤의 경우 어른은 벤이 치키치돈지 뭔지 하는 개의 환타지를 가졌기 때문에, 이상해졌으니까 그런 것을 버리면 나아질 것이라고 생각한다. 그러나 이 생각은 아주 잘못된 것이다. 이것은 번데기를 향해 그 껍데기에 틀어 박혀서 움직일 수 없으니까 빨리 껍데기를 벗고 옛날처럼 (즉, 애벌레와 같이) 걸어 다니라고 명령하는 것과 같다. 그러나 명령대로 한다면 번데기는 죽어버리고 말 것이 아닌가? 아니면 설사, 애벌레처럼 활동한다 해도 곤충이 될 기회는 영원히 잃어버리고 마는 것이다.

벤은 환타지로서의 작은 개에 의해 자신을 지키고, 활발하고 대담하게 행동하는 것을 배울 수 있었는데, 이것은 대부분 내적 충실로서 경험되므로 밖에서는 아무것도 할 수 없다. 그러나 이러한 경험은 벤이 앞으로 인격발달을 하기 위해서 꼭 필요한 것이다. 이러한 [번데기]의 시기를 거치면서, 인간은 이전과는 다른 단계로 들어갈 수 있게 된다. 이 때 부모는 그 [번데기]의 껍데기 역할을 해줌으로써, 아이들이 외부 세계의 강한 자극에 그대로 노출되어 방치되지 않도록 지켜주지 않으면 안 된다. 어린이를 돌보면서 기다리고 있으면 새로운 전개가 일어난다.

이렇게 말해도 인간은 곤충과는 다르기 때문에 애벌레-번데기-곤충이라는 일직선의 변화를 거쳐 최후를 맞이하는 과정을 거치지는 않는다. 번데기의 시기가 긴 사람도 있으며, 짧은 사람도 있다. 번데기의 경험도 한 번으로 끝나지 않는 사람도 있다. 이것은 사람에 따라 다르기 때문에 일반론을 가

지고 말하기는 어렵다. 그러나 일반적으로 말해서, 10세를 전
후하여 터널을 통과하는 어린이가 많은데, 설령 그 시기에 아
무 일이 없이 지낸다 할지라도 사춘기가 되면 거의 대부분의
어린이가 터널을 경험한다. 부모들은 이와 같은 사실을 잘 인
식하고 있어야 한다.

⚜ 〔번데기〕에서의 탈피

〔번데기〕도 어떤 시기가 되면 스스로 껍데기를 벗고 나오
는 법이며 터널 역시 영원히 계속되는 것은 아니다. 그러는
동안 출구가 보이게 된다. 그러나 급격한 변화에는 항상 위험
이 따른다. 벤의 경우도 그랬다. 벤은 크리스마스 선물을 사
러 가족과 함께 상점이 밀집한 번화가로 나갔는데 그 때 눈을
감은 채 차도를 건너려다 자동차 사고를 당한다. 다행히 생명
에는 지장이 없었지만 큰일이었다. 입원을 서두르며 큰 소동
이 일어났는데, 이 시기는 벤이 〔번데기〕에서 벗어나는 시기
였던 것이다. 그 때부터 벤이 눈을 감으면 보이던 개의 모습
이 보이지 않게 되었으며, 치키치도는〔보이지 않는 개〕로서
벤의 마음을 지탱해주는 것으로 바뀌어버렸다. 이 일을 계기
로 벤은 가족과 따뜻한 관계를 맺을 수 있게 되었다. 이 때부
터 벤이 지금까지 느끼던 표현할 수 없던 고독감도 사라졌다.

⚜ 환상 속의 동물들

벤이 〔환상 속의 개〕로서 내적 경험을 했던 것과 마찬가지
의 경험이 어떤 아이에게는 실제의 개나 고양이에게서 또는

작은 새를 키우는 것 등에서 나타난다. 이 때도 어린이의 마음 속에는 각각의 실제 동물에 대응하는 〔환상〕의 동물이 존재하고 있다. 환상 속의 동물이 존재하기 때문에 아이들은 실제 동물에 열중할 수 있는 것이다. 벤의 경우에는 현실적으로 키우고 싶다고 간절히 바란 개를 손에 넣을 수 없었기 때문에, 환상 속의 동물의 존재가 부각되어 그 의미가 확실해졌다고 말할 수 있을 것이다.

벤이 현실 세계로 돌아오는 데는 교통사고라는 위험이 뒤따랐다. 이러한 현상은 실제로 많이 일어난다. 위험을 계기로 번데기가 머리부터 끝까지 잘 탈피할 수 있는가의 여부는 벤을 둘러싼 지금까지의 인간관계가 커다란 역할을 한다. 벤이 입원하면서 조부모를 포함한 가족과 어떤 마음의 교류가 이루어졌는가는 원작에 자세히 묘사되어 있다. 그러한 교류가 있었기에 벤은 완전한 소년으로 성장할 수 있었던 것이다. 이후의 이야기의 전개도 정말 멋지지만, 이번에는 환타지로서 동물의 존재 의의를 파악하는 것만으로 만족하기로 하자.

🐚 억압된 환타지

이처럼 어린이에게 소중한 환타지가 무리하게 억압당하고 참된 가치를 발휘할 수 없게 된다면 어떻게 될까? 다음은 그것을 단적으로 나타내는 예에 대해 간단히 소개하겠다. 어떤 어머니가 초등학교 5학년 남자아이를 데리고 와서는 아이의 지능은 낮지 않다고 생각하는데 성적이 너무 나쁘다, 어떻게 하면 좋겠는가 라며 걱정하였다. 소년을 만나보았는데, 지능이 낮다기보다는 오히려 뛰어나다고 말해도 좋을 정도의 아이였다. 이 아이가 왜 어머니의 말대로 성적이 양이나 가뿐인지 이해되지 않을 정도였다. 어머니의 설명에 의하면, 집에서 어머니가 옆에 붙어 앉아서 문제를 풀면 상당히 잘 한다. 이 정도면 괜찮을 것이라고 생각하는데, 시험을 보면 전혀 납득되지 않는 실수나 착각을 많이 하여 말도 안 되는 나쁜 점수를 받는다는 것이다.

이 아이와 잠시 이야기를 나누면서, 나는 이 어린이가 상당히 풍부한 상상력을 가진 아이라는 것을 알 수 있었다. 언제나와 마찬가지로 [넌 어떤 일을 좋아 하니?]와 같은 평범한 이야기로 상담을 시작했는데, 여행을 좋아한다고 말하면서 자신이 가고 싶지만 아직 가지 못한 장소의 광경을 눈에 보이

3. 환타지
•
121

는 것처럼 생생하게 설명해주었던 것이다. 또한 [이걸로 뭔가 만들어볼래?]라면서 모래상자놀이가 놓여 있는 곳으로 데려가자, 아이는 기뻐하며 활기찬 모습으로 작품을 만들었다. 사실 난 환타지가 넘치는 작품이 만들어지기를 기대했다. 나는 이렇게 모래상자놀이를 통해 치료하는 것에 [모래상자놀이치료]라는 이름을 붙여서 일본에 도입했는데, 현재 일본에서는 상담의 여러 장면에서 사용되며 상당한 효과도 거두고 있다.

이 어린이가 만든 작품은 예상과는 달리 빈약하고 단조로웠지만, 자신이 놓여 있는 상황을 단적으로 잘 표현하고 있었다. 사자와 코끼리가 각각 좁은 공간에 완전히 갇혀 있었다.

그것을 보면서 나는 이 어린이의 풍부한 환타지가 완전히 억눌려 있다는 느낌을 받았다. 아마 어린이의 성적이 나쁜 것에 대한 어머니의 초조함 때문에 집에서 공부할 때 어머니가 꼭 붙어 앉아 같이 문제를 풀며 그 동안 아이는 환타지를 꾹꾹 눌러 넣은 것 같다. 그런데 학교에 가서 시험을 볼 때면, 갑자기 억눌렀던 환타지가 한꺼번에 나타나 의외의 여러 가지 방법으로 마음을 산만하게 하였다. 그래서 생각지도 못한 실수를 하게 되며, 어머니는 점점 초조하고 또다시 더 엄격해지는 악순환이 생겨나는 것이 아닐까?

☙ 울타리를 부수는 코끼리

이런 것을 생각하는 동안, 어린이는 코끼리를 조금 움직이면서 이건 [코끼리가 코로 울타리를 밀어내고 있는 것]이라고 설명하였다. 이와 같은 움직임은 상당히 희망적이라는 생각이 들었고, 사실 어머니도 상당한 이해심을 가진 사람으로 대부분의 부모와는 달리 이 어머니의 경우에는 내 설명을 모두 이해해주었다.

다음 면담에서는 '코끼리가 울타리를 부수고 나오는 작품을 만들겠지'라고 어렴풋이 생각했는데, 내 생각대로 다음 회 상담실에 온 어린이가 모래상자놀이에서 [동물원의 울타리를 부수고 나오는 코끼리]라는 작품을 만들어서 오히려 나를 놀라게 만들었다. 왜냐하면, 이렇게 딱 들어맞는 경우는 거의 드물기 때문이다. 코끼리는 힘이 세서 군대의 전차를 짓눌러 버리고 큰 소동을 부린다. 이 작품에 감격하여 사진을 찍었는데, 재미있는 것이 어디에서 어떤 빛이 들어갔는지 정작 중요한 코끼리가 거의 찍히지 않았다. 이 어린이의 마음에서 용솟음치는 환타지를 내 마음에 담아 두기에는 너무나 엄청났다고 말해야 할 것이다. 이런 이유로 여기에서는 난폭한 코끼리의 사진을 게재할 수 없지만, 독자 나름대로 그 모습의 장대함을 마음으로 그려보기 바란다.

이 어린이의 경우는 아주 짧은 기간의 상담으로 문제가 해결되었다. 어머니가 어린이가 가진 풍부한 환타지를 받아들이자마자, 시험에서의 바보 같은 실수는 사라지게 되었다. 그렇다고 해도 환타지의 제한을 울타리 속에 갇혀 있는 동물로 표현한 어린이의 마음의 움직임은 정말 대단한 것이다. 정말 감탄할 수밖에 없다.

Ⅳ. 어린이와 시공

─『톰은 한밤중에 정원에서』중에서

옷장

다니가와 쉰다로우

옷장 오른쪽 서랍은
머리카락과 빗이 꽉 차 있다.
옷장 왼쪽 서랍은
플라스틱 숟가락이 가득
한가운데 서랍은
굳게 열쇠로 채워 있다.

가장 윗 서랍은
참모 본부의 지도가 차지하고
두번째 서랍은
나고야 산 허리띠가 넘치고
세번째 서랍은
왠지 텅텅 비어 있고
가장 아래 서랍을
열면 뛰어나오는 쥐새끼

여닫이를 열자, 그 속은
어딘지 모르는 마을의 변두리
먼지투성이의 해질녘

색실 헝겊 공을 든 여자아이

데굴 데굴 색실 헝겊 공, 데굴 색실 헝겊 공

하나씩 도달할 때마다, 나이를 먹는다

🐚 옷장의 여닫이

다니가와 쉰다로우의 이 시를 읽으면, 누구나 각각 자신의 [옷장]을 가지고 있다고 생각된다. 어떤 사람의 옷장 작은 서랍에는 보석이 하나 가득 일지 모르고, 어떤 사람은 많은 편지 꾸러미를 넣어 두고 있을지 모른다. 그러나 [여닫이를 열자, 그 속은] 갑자기 다른 차원으로 변해버린다. 일부러 자신의 [옷장]이나 [여닫이]를 일생 동안 단 한 번도 열지 않은 사람이 있다면 그는 불행한 사람이다. 물론, 이것을 여는 것만으로도 생각하지 못한 위험을 직면하게 되는 사람도 있겠지만, 행복을 잡기 위해서는 위험부담을 감수해야 하므로 어쩔 수 없는 일이다.

그렇다고 해도, [데굴 데굴 데굴] 색실 헝겊 공이 굴러올 뿐인데, 3년이 흐른다는 일이 있을 수 있을까? 나는 이 시를 읽고, 금방 아동문학의 걸작, C. S. 루이스의 『나루니아 이야기』를 떠올리게 되었다. 이것은 영국의 이야기이므로 일본의 옷장과는 상당히 다르다고 생각되는데, 피난처에서 고풍스러운 의상이 들어 있는 옷장을 열자, 전혀 다른 [별세계], 즉 나루니아라는 나라가 어린이 앞에 나타나 그 아이는 장대한 경험을 하게 된다. 그리고 그 경험은 [이쪽)나라에서는 15년 정도지만, 나루니아에서는 수천 년이 된다.

이쪽 나라에서는 시간이나 공간이 상당히 중요한 의미가 있다. [언제, 어디서]라는 것에 의해 우리는 이 세상 속에서 위치가 매겨진다. 우리는 [언제, 어디서]를 명확히 정하고 약속을 지키는 한, 자신이 만나려는 사람을 만날 수 있다고 생각한다. 이것은 대단한 것이다. 그러나, 현실적으로는 그렇게 잘 되지 않는 경우도 있다. 즉, 생각 밖의 일이 일어나거나 사고가 생기거나 기다리던 연인이 교통사고로 죽는 일도 있을 수 있다. 이럴 때, 인간은 이 세상이 덧없다고 통감한다.

☜ 시공을 넘어선 세계

사실, 덧없는 이 세상 뒤에 시공을 초월한 세계가 존재하고 있으며, 그러한 존재가 있다는 사실을 깨달음으로써 인간은 안심할 수 있다. [비밀의 화원]을 언급하면서 모든 소녀의 마음 속에 비밀의 화원을 가지고 있다고 말했는데, 여기서 그것에 대해 좀더 살펴보기로 하자.

아이들은 이 세상의 시공을 넘어선 세계의 존재에 대해 상당히 많은 것을 알고 있다. 어른은 이 세상 일에 지나치게 얽매여 있다. 어른은 틈만 나면 [바쁘다]고 호소하지만 그것은 어쩌면 이 세상이 덧없다는 사실을 인정하기 싫어서 핑계삼아 바쁜 일상생활 속으로 도망가버리고 있는 것인지도 모른다. 어린이가 시공을 넘어선 세계를 경험하는 것은 우리 어른에게도 시사하는 바가 크다. 이 장에서는 시공을 초월한 세계를 경험한 아이들에 대하여 생각해보기로 하자. 아동문학은 그러한 것에 관한 많은 명작이 있어서, 어떤 것을 다뤄야 할지 망설일 정도이다.

1
때란 무엇인가?

☜ 낡은 시계가 고하는 〔때〕

시간에 관한 아동문학의 걸작이라면 휠리파 피어스의 『톰은 한밤중에 정원에서』를 드는 사람이 많을 것이다. 영국의 아동 문학가이며, 비평가인 J. R. 다운센트가 〔제2차 세계대전 후의 영국 아동문학 작품 중에서 걸작이라고 생각되는 단 한 작품을 선정하라고 한다면 이 작품을 들 것〕이라고 절찬했던 것은 이미 유명한 사실이다. 이 작품은 시간뿐만 아니라, 공간도 초월한 세계의 존재에 관해 생각하게 한다.

주인공 톰 롱은 남동생 피이터가 홍역을 앓아서, 모처럼의 여름 휴가를 가족과 함께 지내지 못하고 혼자만 친척인 아랑 아저씨댁에 맡겨진다. 그 집은 옛날식 대저택을 몇 개로 나누어 아파트로 개조한 것으로, 현관을 들어서면 거실에는 커다란 낡은 시계가 있었다. 이 시계는 시간은 정확히 맞추지만, 시간을 알리는 종소리는 엉망진창이어서 5시인데 종소리가 한번밖에 나지 않는 경우도 많았다.

그런데 이 낡은 시계야말로 이야기 전체를 이끌어나가는

중요한 매개물이다. 즉, 이 시계는 [시간에는 두 종류가 있는 것]을 선언하고 있다. 하나는 똑딱똑딱 소리를 내며 누구에게나 같은 모양으로 진행되는 시간인데, 시계 바늘은 그것을 정확히 포착하고 있었다. 그러나 인간에게는 또 다른 별도의 시간이 있다. 그것은 각 개인이 느끼는 [때]이다. 시계 바늘의 한 시간의 길이가 어떤 사람에게는 한 순간처럼 느껴지기도 하며, 또 다른 사람에게는 반대로 느껴지기도 한다. 10년 전의 일이 얼마 전의 일로 느껴지기도 하고, 아주 최근의 일이 먼 옛날 일처럼 느껴지기도 한다. [때]는 살아 있는 것처럼 변하고 있다. 이와 같이 생각하면, 이 낡은 시계는 정말 의미 깊은 것이 된다. 바늘의 움직임으로 진행하는 시간을 알림과 동시에 다른 한편으로는 어떤 [때]를 알리기 위해서 소리를 내는 것이다.

🕑 비밀의 뒷마당

어느 날 밤, 톰이 잠들지 못하고 있는데 커다란 시계가 13시를 울렸다. 이것은 예사로운 일이 아니다. [이 사건은 톰에게 뭔가 변화를 가져올 것이라는 것을 톰은 직감으로 알 수 있었다. 그렇게 생각하자, 톰은 가만히 누워 있을 수 없었다. 왜냐하면 밤의 적막함이 그 속에 뭔가 내포하고 있는 것처럼 느껴졌기 때문이었다. 저택 전체가 숨을 죽이고 있는 것처럼 생각되고, 어둠이 톰에게 이렇게 속삭이는 것처럼 느꼈다.— 어서와, 톰. 커다란 시계가 13시를 쳤단다. 넌 도대체 어쩔 셈이지?]

커다란 시계가 알리는 [때]에 따라서, 톰은 아래 층으로 내려가 거실 뒷문을 열어보았는데, 거기에는 생각하지 못한 정원이 펼쳐져 있었다. 그러나 이상하게도 톰이 다음 날 아침에 조사해보니 거기에는 정원은 흔적도 없고 집이 옹기종기 모여 있을 뿐이었다. 이 후 톰은 밤마다 그 [비밀의 정원]을 방문하게 되었다. 그것은 톰에게 있어서 매력이 넘치는 경험이며, 거기에는 여러 가지 이해할 수 없는 일로 넘치고 있었다. 여기서는 [시간]의 흐름이 심지어 역행되기도 했으며, 한번은 태풍으로 넘어진 나무들이 다음 날은 원상태로 세워져 있기도 하며, 거기서 만나는 사람이 갑자기 어린아이가 되는 일까지 일어났다. 그 곳의 [시간]은 일직선에서 흐르는 것이 아니라, 여러 겹으로 감긴 하나의 덩어리처럼 느껴졌다.

🐚 하디의 존재

톰이 [정원]에서 만난 사람 중에, 하디라는 이름을 가진 소녀만이 톰의 존재를 인정해주어서 서로 이야기를 나눌 수 있었다. 톰의 존재가 다른 사람에게는 확실히 보이지 않는 것 같았다. 톰은 하디와 함께 놀거나 장난을 치면서, 그녀에게 조금씩 마음이 끌렸다. 이때부터 톰의 마음 속에 상당한 변화가 생겨서 전에는 그토록 집에 가고 싶어했는데, 이제는 집에 돌아갈 예정을 연장하면서까지 아랑 아저씨댁에 있고 싶어했다. 즉 [비밀의 정원]의 매력이 부모가 기다리는 집보다도 더 소중해진 것이다.

이것은 소년 톰의 성장에 매우 중요한 부분이다. 톰이 태어나서 처음으로 자신의 부모보다 매력있는 존재를 발견한 것이다. 더욱이 그것은 일상의 시공을 초월한 존재였다. 톰에게는 〔옷장의 여닫이〕를 열고 만난 세계에 하나의 정원이 존재했으며, 거기에 하디라는 소녀가 살고 있었다. 그리고 저쪽과 이쪽에서의 시간의 경과도 상당히 달랐던 것이다. 저쪽에서 여러 가지 경험을 하고 돌아와도, 여기서는 시간이 전혀 흐르지 않았다. 이쪽에서의 하루가 저쪽에서는 몇 년을 경과하고 있는 경우도 있었다. 하여간 이러한 시공을 초월한 세계가 톰의 존재를 지탱하여, 그는 부모와 떨어져 있으면서도 활기차게 지낼 수 있었다. 그것은 어린이가 자립하기 위해서 경험해야 하는 하나의 단계였다.

덧붙여 언급하면, 톰과 같은 경우는 원래 자신의 집에 매력을 느끼지 못해서 다른 것에 마음이 끌리는 것과는 다르다. 집에 매력을 느끼지 못하는 어린이는 오히려 〔집을 원하는〕가출을 하게 된다는 것은 이미 언급한 바 있다.

하디와 정원에 마음을 빼앗긴 톰은 아예 영원히 저쪽 세계에 머무르려고까지 생각하게 되었다. 그러는 동안 시간이 흘러 하디는 완전히 성장하여 젊은 여성이 되어버렸고 그녀는 자기 또래의 남성에게 정신을 빼앗겨 톰의 일은 완전히 잊어버린 것 같았다. 한편 집에서는 빨리 돌아오라고 재촉을 하였고, 이에 톰은 초조해졌다. 또한 이미 뒷문을 통해서 정원으로 가는 길은 사용할 수 없게 되어버려 이로 인해 톰이 마냥 슬퍼하고 있는데 여기서 뜻밖의 결과를 맞게 된다.

🐚 꿈의 공유

톰은 이 아파트의 주인이자 커다란 시계의 주인이기도 한 바소로뮤 부인이 바로 [하디]이며, 그녀가 매일 밤 지금까지의 경험을 꿈으로 꿀 때, 톰이 그 꿈 속에 들어와 있었다는 사실을 알게 된다. 부인도 항상 꿈에 나타난 소년 톰이 실제로 존재한다는 것을 알고 놀라지만 매우 기뻐하였다. 그녀는 나이가 들면서 옛날이 더욱 그리워 옛날 꿈을 꾸게 되었을 것이라고 설명해주지만, 매일 밤 빠짐없이 그녀의 꿈에 [정원]이 나타났던 것은 그녀의 힘뿐이 아니라, 톰의 힘도 작용했던 것 같다. 이렇게 말하며 바소로뮤 부인은 [올해 여름만큼 자주 정원의 꿈을 꾼 적은 없는 것 같다. 또 이번 여름만큼 주위의 모든 것에 대해 어릴 때 느끼던 활기찬 느낌을 가진 적이 없었다. 누군가 놀 상대가 없나, 어딘가 놀러갈 데가 없나만 생각했다]고 하였다.

집을 떠나서 고독하며, 누군가와 놀고 싶다고 원하는 톰의 마음과 옛날을 그리워하는 노인 바소로뮤 부인의 마음이 서로 울려 펴져서 이상한 꿈의 체험을 공유할 수 있었던 것이다. 그리고 그 꿈은 두 사람에게 각각 커다란 의미가 있는 체험이 되었다. 그것은 두 사람이 이후 세상을 살아가는 데 강한 버팀목이 될 것이다.

휠리파 피어스는 이 작품에 대하여 [작가의 말]의 마지막에 [할머니는 자신 속에 어린이를 가지고 있었다. 우리들은 모두 자신 속에 어린이를 가지고 있는 것이다]라고 말했다. 나는 여기에 [어린이는 모두 자신의 어른을 가지고 있다]고 덧붙이고 싶다. 그렇지 않으면 톰이 바소로뮈 부인의 추억을 생생히 따라가서 체험할 수 있었던 사실을 어떻게 이해할 수 있을 것인가? 우리가 생각하는 것 이상으로 어린이와 어른은 훨씬 서로에게 의지하고 있는 것이다. 시공을 초월하여—라고 말해도 그것은 이전에 존재한 것이지만—〔정원〕이라는 장소에서 소년과 노인의 영혼이 서로 만났던 것이다.

☜ 소녀와 〔때〕의 이야기

다음은 소녀를 주인공으로 한 〔때〕에 관한 명작을 하나 들어본다. 그것은 아리슨 아도리의『때의 여행자』이다. 1939년에 발표된 이 작품은 소위 말하는 타임 환타지로서의 고전에 속하는 것인데, 현재에도 그 가치를 인정받는 작품이다.

주인공인 페네로피는 허약한 소녀로, 그 때문에 런던에서 외가 쪽의 큰어머니 딧씨가 사는 샷가즈 농장으로 옮겨온다. 톰의 경우는 자신이 아픈 것은 아니지만, 그도 부모와 떨어져 사는 동안 의미있는 경험을 하게 되었는데, 이 점에서 어느 쪽의 이야기도 〔부모 곁을 떠난다는〕 공통점을 가지고 있다는 점이 흥미롭다. 일상적이 아닌 새로운 경험을 하기 위한 하나의 조건으로 일상적으로 친밀한 공간을 떠난다는 것은 중요하다고 말할 수 있다.

페네로피는 큰어머니댁에서 지내는 동안, 삼백년 이전의 시대에 들어가게 된다. 아마도 그 집이 몇 백년 전부터 살던 카톨릭 신자인 바빈톤 집안의 것이며, 페네로피의 선조는 바빈톤 집안사람을 섬겼던 것에 영향을 받았기 때문일 것이다.

역사적으로 삼백년 전은 엘리자베스 1세가 카톨릭 교도인 스코틀랜드 여왕 메리를 유폐시켰던 시대로, 삼백년 전 시대 속에서 페네로피는 이 두 여왕의 갈등 속에 휘말리게 된다. 즉, 페네로피가 머무르고 있는 샷가즈의 젊은 영주 안토니와 그의 동생 프란시스는 메리를 도와서 그녀를 영국의 여왕으로 추대하려고 노력했으며, 페네로피는 그들에게 매력을 느껴 그 운동에 가담한다.

페네로피는 이처럼 마음이 움직여 운동에 가담했지만, 불행하게도 역사시간에 메리와 안토니는 결국은 엘리자베스에 의해 처형된다는 사실을 배워서 알고 있었던 것이다. 이 때문에 페네로피는 말할 수 없는 곤경에 처하게 된다. 즉, 메리나 안토니에게 계속 가담한다면 최후에는 그녀가 가장 아끼는 그들의 죽음을 각오하지 않으면 안 되는 것이다. 이러한 사실에 심한 갈등을 느끼던 그녀는 드디어는 견딜 수 없게 되어, [메리는 처형된다]고 쓸데없는 소리를 하여, [과거의 사람들]에게 어딘가 수상하다는 눈총을 받기도 한다.

☙ 소녀의 내면 세계

이것은 생각해보면 이상한 이야기이다. 독자도 주인공과 같은 기분이 되어 페네로피가 사랑하는 안토니와 메리의 성공을 간절히 빈다 할지라도 비극적인 결말을 맞게 되는 것은 정해진 사실이었다. 참으로 기묘한 이야기처럼 들리지만 이것을 한 소녀의 내면 세계에서 벌어지는 일로 생각해보면, 이해할 수 있지 않을까?

한 명의 소녀는 어른이 되기 위해서는 [평범한 여자의 죽음]을 경험하지 않으면 안 된다. 이것은 피할 수 없는 결말이다. 엘리자베스는 훌륭한 여성이다. 그러나 메리도 매력에 넘치고 있다. 이러한 두 명의 여성 사이에서 겪게 되는 갈등을 통해 많은 경험을 하며, 그와 같은 경험은 피와 눈물이 얼룩지지만, 어른이 되기 위해서는 결국 엘리자베스가 승리하고 메리는 처형되지 않으면 안 되었던 것이다. 피를 피로 씻는 엄청난 싸움을 소녀의 내면 세계에서 일어나는 싸움으로 본다면 상당히 잘 이해할 수 있을 것이다.

소녀에게 피할 수 없는 [때]는 언젠가 다가온다. 그것은 엘리자베스에게는 승리를 맛보는 기쁨의 순간이며, 메리에게는 죽음을 맞이하는 슬픔의 [때]이다. 이러한 양면성을 잘 인식하는 것이 필요하다. 안타깝게도 지면이 제한되어서 이 이야기를 다 소개할 수는 없지만, 독자는 원작을 읽어주기 바란다. 나는 이 작품을 소녀의 내면 세계를 잘 묘사한 몇 편 되지 않는 걸작이라고 생각한다.

🐚 내폐기

이야기의 결말에 가까이 오면 페네로피가 지하실에 숨어 있는 장면이 나온다. 그녀는 숨어 있는 것 때문에 위태롭고 살해당할 뻔 하는데, 이것은 소녀가 어른이 되어가는 과정에서 경험하는 [내폐기]와 그 위험성을 잘 표현하고 있다. 실제로 이러한 시기에 스스로 움츠려 드는 경향이 지나치면, 신경증이 되거나 심한 경우에는 생명을 잃는 사람도 생긴다. [자살]했다고 여겨지는 아이들도 그 내면에서는 엘리자베스에 의한 메리의 [처형]이 일어났다고 생각해보면 어느 정도 이해가 될 것이다. 그런 경우에는 내면에서 일어나는 일이 외적으로 그대로 나타나버렸다고 생각된다.

2
통 로

🐾 비일상적인 세계로 가는 통로

『톰은 한밤중에 정원에서』라는 작품에 묘사된 [통로]의 의
의와 중요성에 대해서 우에노 료우가 잘 지적하고 있다. 우에
노 료우는 [현대의 아동문학]에서 아동문학 속에 나타나는 시
공을 초월한 [이상한 세계]의 존재에 관해 언급하면서, 그곳
에 도달하는 [통로]의 의미를 말했다.

우에노는 『톰은 한밤중에 정원에서』의 경우에 뒷마당의 문
이 담당하는 역할이 중요하며 거기에서 문은 인간의 진실된
모습이나 가치를 발견하기 위한 [통로]가 된다고 지적하였다.
그리고 통로에 대해 다음과 같이 보다 상세하게 설명하였다.
[[통로]는 그 속으로 들어갈 때, 일상적 세계와 [땅이 잇닿아
있는 곳]에 이상한 세계가 존재하는 것을 분명히 해준다. 독
자는 톰과 함께 문 이쪽에 있다. 거기에는 변화없이 언제나와
마찬가지로 일상적인 현실이 있다. 톰의 지루한 아파트와 독
자가 지금 서 있는 장소는 마찬가지다. 톰과 함께 문을 빠져
나간다. 그곳에는 미지의 세계가 펼쳐진다. 하디란 어떤 사람

인가? 담의 저쪽에는 무엇이 있는가? 왜 여기의 시간은 문 저쪽의 시간과 다른 것인가? 파헤쳐보고 싶은 것이 너무도 많다. 그것은 모험심을 불러일으키는 세계이다. 기대로 가슴이 벅차는 세계이다. 이러한 세계가 〔통로〕에 의해 평평한 일상적 세계와 연결되는 것, 연결되어지고 있다는 것을 의미한다〕.

◈ 저쪽의 세계와 이쪽의 세계

저쪽 세계에 도달하는 〔통로〕의 존재는 우리에게 많은 것을 생각하게 한다. 지금까지 말해왔던 것처럼, 이쪽의 일상세계는 저쪽의 세계에 의해서 보장되어지고 있다. 그러나 현대는 어른뿐만 아니라 아이들까지 바빠져서(어른에 의해 바빠졌을 뿐이지만), 저쪽의 세계와 접촉이 단절되어 있으며 그로 인한 많은 문제가 야기되고 있다.

교육학자 미네야 마고도는 이쪽의 세계를 〔기술의 세계〕, 저쪽의 세계를 〔초월의 세계〕로 파악하고, 요즘 교육의 맹점 중에 하나는 어린이로 하여금 기술을 몸에 익히게 하는 데만 급급한 나머지 초월의 세계가 존재한다는 사실을 잊어버리게 하는 것이라고 지적한다. 〔기술의 세계에 살고 있는 인간은 '우월성'(목적)을 어느 정도 달성하는가에 의해 평가된다. 어린이는 학교성적에 의해서 상위권 어린이, 하위권 어린이라는 상대적 평가로 구분된다. 이처럼 어린이를 상대적으로 파악하는 것이 교육의 기본이 된다. '한명 한명의 어린이를 소중하게'를 내세우며 절대적으로 파악하는 것을 강조한다고 해도, 초월의 세계를 무시하고 있기 때문에 그 소리는 공허할 뿐이다]라고 미네야는 역설하였다. 미네야는 또한 만약 교사 자신이 절대의 세계와 만날 수 있다면, 어린이의 [성질이나 능력의 차이를 넘어서 어떤 어린이도 절대적 초월의 세계를 표현하고 있으며, 어린이를 다른 무엇과도 바꿀 수 없는 존재로 대할 수 있게 된다]고 주장하였다. 확실히, 초월의 세계를 무시하고 기술의 세계에만 주목하면, 본래는 상대적인 평가였던 것이 절대적인 무게를 지니게 되어 아이를 학업성적 하나만 가지고 절대적으로 평가해버리게 된다.

그러나 여기서 또다른 중요한 부분은 초월의 세계에만 마음을 빼앗기게 되면, 생명을 잃을 수 있는 위험이 생겨난다는 점이다. 다시 미네야를 인용하면 [절대적 초월의 세계는 확실히 존재하고 있다. 그러나, 그 세계는 접촉은 허용해도 인간이 그 속에서 사는 것은 거부한다. 다시 말해, 감히 절대적 초월의 세계에 살려고 하면 그로 인해 인간은 파멸을 맞게 된다]는 것이다. [한밤중의 정원]에 너무나 매력을 느낀 톰은 거기서 영원히 살고 싶어진다. 만약, 그것이 실현된다면 어떻게 되는 것일까? 톰은 어떻게 해서든지 이쪽에 돌아와야만 하고, 그렇기 위해서는 우에노가 말하는 [통로]가 필요하다.

🐚 어린이와 이어지는 통로

저쪽의 세계에 도달하는 [통로], 그것은 여러 가지로 확대해석할 수 있다. 예를 들면, 나에게 어떤 선택적 침묵증의 아이가 이끌려왔다. [너는 왜 말하지 않니?], [집에서는 잘 이야기하지?] 등의 말을 걸어도, 상대가 아무 말하지 않으면 치료자는 어쩔 수 없다. 게다가 얼굴에 탈을 뒤집어 쓴 것처럼 무표정하다면 아무것도 할 수가 없다. 즉, 이때 나와 그 아이 사이에는 [통로]가 없다.

'어린이에게 애정을 가지고 대하자' 라는 말에는 아무도 반대하지 않을 것이다. 그러나 중요한 것은 우리가 그러한 애정을 흘려보낼 [통로]를 가지고 있는가 라는 부분이다. 어린이 한명 한명이 모두 둘도 없는 내 아이라고 역설해도, 그와 같은 확신이 어떤 [통로]에 의해 아이들에게 전해지고 있는가에 대해서는 반성해볼 필요가 있다. 성적평가라는 [통로] 하나만 가지고 모든 어린이를 한꺼번에 수에서 양으로 나란히 세우면서, [한명 한명이 각각 다르며 겹치지 않는다]고 말해도 어린이는 그 본질을 꿰뚫어보고 있을 것이다.

☞ 기다리는 것의 소중함

침묵의 어린이가 있다. 나는 만나자마자 곧 [통로]를 발견하진 못한다. 그럴 때는 서두르지 말고 기다리는 것이 중요하다. 기다리고 있으면, 통로는 자연히 다가와 열리는 경우가 많다. 예를 들어, 98쪽에 나타난 예를 본다면 한 마리의 거북이가 출현해, 그것이 [통로]로서 훌륭한 역할을 한다. 초조한 사람, 서두르는 사람에게는 [통로]가 보이지 않는 법이다. 교사가 이 아이를 어떻게든 말하게 해야지 라고 하면서 자신이 지닌 힘에만 의존했다면 아마 거북이의 중요성을 인정하지 않았을 것이다. 이 담임 선생님은 빠른 시기에 거북이의 의미

를 인정하고, 학급 어린이 전체에게 거북이를 기르자고 제안
했던 점에서 훌륭하다. 거북이는 [통로]로서 역할을 했고, 거
북이에게 보내는 학급 전원의 애정이 침묵 어린이 K에게 전
달되었을 것이다.

또한, 아주 적절한 [때]에 그 거북이가 사라져버려 그것이
K가 말하는 계기를 만들어주었다는 점에도 감탄을 금치 못한
다. 동물은 시계 따위는 가지고 있지 않기 때문에, 또 하나의
[때]에 대해 상당히 민감할지도 모른다.

☜ 시계를 가진 동물

이러한 주제로 글을 쓰고 있노라면, 어느 샌가 여러 가지
연상으로 머리가 가득 차 어쩔 줄 모르겠다. 조금만 옆길로
빠지더라도 다음의 두 가지는 아무래도 언급하고 싶다. 하나
는 [시계를 가진 동물]이다. 누구에게나 잘 알려져 있는 『이
상한 나라의 앨리스』의 첫머리에 등장하는 토끼가 시계를 가
지고 있다는 것을 기억하고 있는가? 토끼는 [아아, 큰일났다!
큰일났다! 아무래도 맞춰 갈 수 없는데!]라고 서두르며 [조
끼 주머니에서 회중시계를 꺼내서 시간을 보고] 급하게 뛰어
간다. 앨리스는 토끼를 뒤쫓아가서 토끼 구멍으로 뛰어들어
갔는데, 그 토끼 구멍이야말로 이상한 나라로 들어가는 [통
로]였던 셈이다. 토끼는 앨리스를 그곳으로 인도하는 역할을
했다고 말하지만, 과연 토끼가 가지고 있던 시계는 어떤 것이
었을까? 톰을 놀라게 한 낡은 시계처럼 13시를 알리는 것일
까? 상상만 해도 재미있다. 그 동화에서의 이후에 앨리스가

만났던 모자가게 아저씨가 가지고 있던 시계는 버터를 바르거나, 차를 담거나 하는 정도 였으니까, 토끼가 가지고 있던 시계도 상당히 이상한 것임에는 틀림없다.

☜ 안내자로서 거북이

조금 전, 거북이와 〔때〕에 관해 언급할 때, 또 하나 연상되었던 것은 엔디의 『모모』에 나오는 거북이였다. 『모모』는 일본에 있어서도 많은 독자를 가진 이야기이며, 이미 다른 글들에서 자세히 언급했기 때문에, 여기서는 반복하지 않겠다. 이 이야기에서는 주인공 모모를 〔시간의 나라〕를 관리하는 마이스터 호라 할아버지에게 데려가는 역할을 카시오페아라고 불리는 거북이가 담당한다. 여기서도 거북이는 중요한 〔통로〕를 알고 있는 것으로 표현된다.

『모모』에서도 시간은 중요한 테마가 되고 있으며, 마이스터 호라는 보통 시계에 의해 측정되지 않는 어떤 특별한 순간의 존재를 나타내며, 그것을 〔별의 시계〕라고 부른다. 이처럼 일상성을 넘어선 〔때〕에 도달하는 안내자로서 거북이가 등장하는 것은 아마 거북이가 〔바쁜〕 삶의 방법과는 무관한 존재라고 생각되기 때문일 것이다. 침묵 어린이 K를 말하게 했던 〔별의 시간〕을 알리기 위해, 한 마리의 거북이가 나타났으며 임무를 마치고 사라져갔다고 생각해보는 것도 재미있지 않을까? 그러나 어른이 어린이의 혼에 도달하는 〔통로〕를 알고 싶다고 생각할 때, 초조하게 서두르는 것은 금물이다. 그 어린이를 따뜻한 눈으로 돌봐줄 때, 어린이의 혼이 먼저 통로를

여는 것이다. 거기에 갑자기 동물이 등장할지도 모른다. 혹은
그 어린이가 좋아하는 가수나 배우가 의외로 [통로]가 되는
때도 있다. 그것을 찾아내어 존중해줌으로써 혼이 서로 만나
게 되는 것이다.

3
구름 위에서

🐚 논쟁 구름을 타다

지금까지 초월을 만나는 것, 그 존재를 아는 것이 중요하
며, 그것은 〔통로〕를 발견하지 않으면 안 된다고 강조했다.
이쪽의 세계와 저쪽의 세계라는 표현도 사용했다. 그러나 이
것은 어디엔가 이같은 공간이 따로 존재하는 것을 의미하는
것은 아니다. 극단적으로 말하면, 저쪽의 세계도 이쪽의 세계
도 실은 같은 세계이며 단지 그것에 대한 우리의 태도에 의해
상당히 달라지는 것이라고 말할 수 있다.

이쪽의 세계는, 즉 저쪽의 세계이기도 하다는 것을 여실히
나타내주는 작품으로 이시 모모꼬의 『논쟁 구름을 타다』를 들
기로 한다. 이 작품이 처음 발표된 것이 1947년이므로, 이미
50여년의 세월이 흘렀다. 구태여 지금 와서 이렇게 낡은 작품
의 이야기를 꺼내느냐고 말하는 사람도 있을지 모르지만, 이
작품은 지금이기 때문에 훨씬 그 진가를 발휘할 수 있다. 오
늘날의 시각으로 작품을 보면, 이 작품의 의의가 보다 분명해
진다는 느낌이 든다. 줄거리의 전개에 따라서 이 작품에 대하

여 생각해보기로 하자.

이야기는 주인공 논짱이라는 초등학교 2학년의 여자아이가 엉엉 울고 있는 데서 시작된다. 논짱은 [엉엉 울면서 코를 훌쩍훌쩍 들이마시며, 표주박 연못을 향해 걸어가고 있습니다]. 논짱은 결코 울보는 아니지만, 오늘은 특별한 사정으로 한바탕 울고 있는 것이다. 왜냐하면 일요일 아침 눈을 뜨자, 논짱 몰래 엄마와 오빠가 도쿄에 물건을 사러갔기 때문이었다. 지금까지 이런 일은 한번도 없었다. 논짱의 부모는 좋은 분들로, 논짱을 소중히 여겼고 어린 논짱의 인격을 제대로 존중하여, 지금까지 논짱에게는 아무 말도 하지 않고 오빠에게만 이로운 일을 한 적이 없었던 것이다. 그러나 오늘은 논짱이 몸이 약하기 때문에 도회지에 가는 것은 좋지 않다는 아버지의 판단아래 엄마와 오빠가 논짱 몰래 가기로 했던 것이다. 게다가 부모는 엄마와 오빠가 낮에 돌아올 예정이어서, 논짱도 조금쯤 참을 수 있을 것이라고 생각했던 것이다.

논짱은 이유 따위나 엄마가 몇 시에 돌아온다는 것보다는 [모두—모두—논짱을 속였다]는 것에 대해 분노를 터뜨리는 것이다. 아버지도 아주머니도 이렇게 저렇게 달래보았지만 논짱에게 그런 말은 귀에 들어오지도 않았다. 태어나서 처음으로 가장 사랑하는 사람에게 배신당한 경험을 했다는 논짱의 아픈 기분을 아무도 알아주지 않았던 것이다. [아무도 이 기분을 이해해주지 않는다면— 혼자서 어딘가로 가버릴 거야]라며 논짱은 집을 나와서, 근처 절에 있는 표주박 연못 쪽으로 울며불며 걸어가고 있었다.

⚙ 배반의 체험과 통로

본장에서 말한 톰이나 페네로피도 부모의 곁을 떠나는 것에서부터 이야기가 전개되는데, 논쨩의 경우는 그들보다 심각하다. 톰이나 페네로피는 어쩔 수 없는 이유로 마지 못해서 집을 떠나는 것에 동의하게 된다. 이와는 달리 논쨩은 가족에게 배반당한 항의로서—집 근처이기는 하지만—집을 나간 것이다. 이로 인해 논쨩도 톰이나 페네로피와 마찬가지로 이 세상의 시공을 초월한 세계를 경험하게 된다.

이렇게 생각하면, 논쨩에게는 [배반당하는] 것이 [통로]가되었다고 말할 수 있다. 확실히 배반의 경험은 [통로]가 되기 쉽다. 지금까지 논쨩에게 있어서 어머니는 절대적인 존재였다. 이 세상 어떤 존재를 [절대적]으로 생각하는 일은 멋진 것이다. 그러나 그것은 반드시 어디선가 배반과 만나지 않으면 안 된다. 왜냐하면 원래 이 세상의 것에는 [절대]라는 것은 없기 때문이다. 이 때, 서로 사이에 연결된 이 세상 끈이—절대는 아니라고 할지라도—어느 정도 강한가, 배반하고 배반당한 사람이 어느 정도 초월에 대하여 열린 마음을 가졌는가 등에 의해 배반은 의미 깊은 [통로]로 바뀐다. 그러나, 이러한 조건이 잘 갖춰지지 않을 때는 배반은 전락을 향한 [통로]로서 기능하기도 한다. 이때는 우에노 료우가 지적한 의미있는 왕복운동이 생겨나지 않는 것이다.

많은 어린이들은 설사 논쨩과 마찬가지의 사건이 일어난다하더라도, [어머니가 또 속였다]거나 [이번은 나를 데려가라고 말해야지]라고 생각하거나, 잠시 우는 것으로 진정될 수도 있을 것이다. 이것을 중대한 배반으로 받아들여, 혼신을 다해 항의하고 어른의 위로를 거부한 채 계속 울고 있다는 것이 나타내는 것처럼, 지금까지 보여준 가족의 깊은 애정과 논쨩의 일관성, 이 미묘한 균형 위에서 의미깊은 [통로]가 열리는 것이다. 이렇게 보면, 역시 [통로]는 좁은 문이라고 생각된다.

🐌 구름을 탄 할아버지

논쨩은 표주박 연못에 가서, 이 연못 수면에 그림자가 비치는 단풍나무에 올랐다. 그리고 문득 연못을 보니까, 하늘이 아름답게 비치고 있어서 논쨩은 마치 하늘로 오르는 듯한 착각에 빠질 정도였다. 하늘을 나는 꿈이나 오빠와 나눈 대화 등을 되새기고 있는 동안, 논쨩은 손이 미끄러져서 연못에 풍덩 빠지고 말았다.

[아, 무서워, 엄마—라고 생각하고, 얼마 지나서 가슴이 꾹 눌려지는 좁은 구멍을 억지로 벗어나오는 듯한 느낌이 들고—다음 순간 논쨩의 몸은 '봉' 하고 공중으로 올라가고 있었습니다].

논쨩은 공중을 헤엄쳐가는 동안, 구름을 타고 온 ['다가사고 (주 : 일본 전통극의 하나로, 천하태평을 축복하는 의미가 있어서 혼례식에서 이들 인형이 자주 사용된다)의 할아버지 할머니'에 나오는 할아버지]처럼 낯익은 할아버지의 도움을 받는다. 놀란 것은 논쨩과 같은 반으로 언제나 논쨩을 못살게 구는 나가요시도 거기에 타고 있었다. 거기에 타고 있는 그 밖의 많은 사람과 함께 구름 위에서 논쨩은 할아버지가 묻는 대로 자신의 [신상에 관한 이야기]를 하게 된다. 논쨩은 자신의 부모에 대하여, 그리고 쾌활한 오빠에 대해, 자신의 일에 대해 계속 이야기를 했으며, 이것이 책의 중심이 되는데 그 내용에 대해서는 아쉽지만 여기서는 생략하지 않을 수 없다.

🐌 엎드려 머리 숙이는 마음

그런데 논쨩은 자신의 일을 말하는 동안, 자신이 얼마나 [착한 아이]였는가에 대해 열심히 말했다. 그러자 할아버지는 [뭐야!— 그럼, 넌 마치 착한 아이 행동목록을 읽고 있는 것 같잖아!]라고 말한다. 게다가 [이런 녀석들이야말로 실수하기 쉽다고!]라고까지 말하는 것이다. 그 때까지 모든 사람에게서 [착한 아이]라고 칭찬을 받아왔던 논쨩은 이 말을 듣고 불안해졌다. 그것에 대해 할아버지는 [사람은 엎드려 머리 숙이는 마음이 없으면 훌륭해질 수 없다]고 가르쳐주었다.

그러던 중 논쨩은 집에 돌아가고 싶어졌다. 그러나, 할아버지는 그러기 위해서는 [시험]이 필요하다고 말한다. 그 시험은 [멋진 거짓말을 하나 해보라!]라는 것이었는데, 논쨩은 아무리 생각해도 거짓말을 할 수 없었다. 할아버지는 도대체 [거짓말을 해서는 안 된다고 누가 말했지, 선생님?] [아버지?]라고 다그친다. 논쨩은 필사적으로 누가 가르쳐줬는지를 생각해보던 중, 그것은 어느 누구에게서 배운 것이 아니라, [내가 싫어요—내가 거짓말이 싫어요—]라는 사실을 깨닫고 이렇게 말한다. 논쨩은 이제는 집에 돌아가지 못할거라고 생각했는데, 사실 이 일에 의해 역설적인 [시험]에 통과하여 집에 돌아왔다.

논쨩은 집에서 잠들고 있고 그 주위에는 어머니와 아주머니가 걱정스러운 얼굴로 지켜보고 있다. 실은 논쨩은 연못 얕은 곳에 떨어져 기절해 있었는데, 누군가 구해서 집으로 데려와 잠들어 있었던 것이다. 논쨩은 곧 활기를 되찾아 학교에 갔는데, 못되게 구는 나가요시에 대해서도 지금과는 다른 태도로 대하며 앞으론 좋은 관계를 가질 수 있을 것 같은 느낌이 들었다. 사실 논쨩은 이날부터 반장이 되었는데, 지금까지는 소극적인 아이로 반을 이끌만한 존재는 아니었지만, 이제는 잘 해낼 수 있을 것 같은 자신감도 생겼다. [구름 위]의 체험이 논쨩에게 여유와 자신감을 준 것이었다.

☜ 시점의 상대화

논쨩은 [구름]을 타고 할아버지와 함께 커다란 모험을 한 것은 아니었다. 특별히 괴물을 만난 것도 아니고, 하느님을 만난 것도 아니다. 논쨩은 단지 구름 위에서 할아버지를 향해 자신의 [신상 이야기]를 한 것뿐이다. 이것을 가지고 시공을 초월한 경험이라고 말할 수 있을까? 그대로이다. 논쨩은 [구름 위]의 시점에서 바라봄으로써 자신의 가족들에 대해, 자기 자신에 대해, 거기에 나가요시에 대해서도, 지금과는 상당히 다른 견해를 가질 수 있었다.이쪽 세계에서 지금까지 논쨩에게 절대적인 존재였던 어머니라든지, [착한 아이]의 여부는 구름 위의 시점에 의해서 상대화되어, 이것을 부정해버리는 것이 아니라 그것을 초월한 [엎드려 머리 숙이는 마음]을 가질 수 있게 되었던 것이다. 어린이의 성장과정에서 부모나 선생님처럼 이 세상의 무엇인가를 절대시하고 의지하는 것은 필요하다. 그러나 이것에 집착하게 되면 지나치게 자신감을 갖거나 시야가 좁아지게 된다. 그 때 시공을 초월한 존재와 만나게 됨으로써, 상황을 헤쳐나가게 되고 어린이는 비약적으로 성장한다. 이것을 구름 위의 할아버지는 〔엎드려 머리 숙이는 마음〕의 필요성으로서 가르쳐주었던 것이다.

4
일본과 서양

ⓑ 환타지의 차이점

여기서는 조금 이론적인 것을 다루고 싶다. 이론을 싫어하는 사람은 이 절은 뛰어넘어도 상관없지만, 저자의 입장에서는 이런 문제도 생각해보고 싶다.

앞에서 논쨩의 체험은 시공을 초월한 것이라고 말했는데, 『논쨩 구름을 타다』는 과연 환타지 작품일까? 확실히 〔구름〕을 타는 것은 환타지에 의해서밖에 실현될 수 없는 것이다. 그러나, 이 작품의 줄거리인 논쨩의 〔신상에 관한 이야기〕는 모든 것이 이 세상의 것뿐이다. 그렇다면, 이 작품에는 환타지의 부분은 거의 없다고 말해야 하지 않을까?

『논쨩 구름을 타다』의 작품은 검정색 잉크로 인쇄된 것과 파란색 잉크로 인쇄된 부분으로 나뉘어 있다. 논쨩이 연못에 떨어진 다음 순간부터의 문장은 파란색이 되어, 그것은 그대로 이어지다가 논쨩이 집에 잠들고 있다가 의식을 되찾는 이야기부터 다시 검정 글자가 된다. 이것은 최근에 발표되어 화제를 모았던 엔디의 『끝없는 이야기』에서도 사용되었던 방법이다. 이 이야기의 주인공 소년 파스티안의 이쪽의 세계에서의 일은 빨간색 잉크로 인쇄되었고, 환타지의 나라 〔환타지아〕에서 일어나는 사건에 대한 기술은 파란색 잉크로 인쇄되었다. 환타지아의 설명이나 논쟁의 신변 이야기처럼 어느 쪽도 색이 달리 인쇄된 부분을 읽으면, 일본과 서양의 환타지는 역력히 다르다는 것을 알 수 있다. 일본의 〔환타지〕에서 표현하는 일부러 다른 색의 잉크로 인쇄된 저쪽의 세계는, 바로 이쪽의 세계인 것이다.

☞ 빈사 체험

이야기를 좀 바꾸어 최근 과학의 발달에 의해 소생술이 진보되어, 의사에게 죽음을 선고받거나, 받기 직전에 있으면서도 다시 살아나는 사람이 많아졌다고 한다. 이 사람이 겪은 그 동안의 경험을 〔빈사 체험〕이라고 부르며, 이러한 연구를 하는 사람이 늘고 있다. 최근에 발표된 레이몬트 무티에 의하면, 빈사 체험을 한 많은 사람이 공통적으로 보고한 것이 있는데, 그것은 체험 당시 몸이 가벼워지고 자신의 물리적 육체를 빠져나가는, 그리고 〔지금까지 한번도 경험하지 못한 사랑과 따뜻함이 넘치는 영혼 -빛의 생명-이 있다. 이 빛의 생명은 자신의 일생을 통털어 되돌아보기 위한 질문을 던진다.—또한 나의 생애에서 주요한 사건을 연속적이지만, 순간적으로 재생해 보여주는 것으로, 총정리하는 데 도움을 준다〕는 것이다. 이와 같은 것을 보고한 사람 중에는 자신의 과거에 관한 이미지가 속속 떠오를 때, 〔저 빛이 때때로 논평을 한다]고 말했다. 빈사 체험을 한 사람은 그것에 의해 [가르침]을 받고, [거의 대부분의 사람은 인생에서 다른 사람에 대한 일종의 독특한 깊이를 가진 애정을 기르는 노력이 대단히 중요하다고 역설하고 있다].

☞ 현실과 환타지

이처럼 빈사 체험을 설명하고 있는 글을 읽으면, 논짱의 체험은 빈사 체험과 유사하다고 생각된다. 논짱이 만났던 구름 위의 할아버지는 빈사 체험자가 말하는 [빛의 생명]의 인격화된 모습이라고 생각한다. 이런 가정을 하면서 읽으면, 정말 그렇다고 수긍하는 부분이 많다. 그런데 빈사 체험은 현실일까? 환타지일까? 이러한 생각을 하기 시작하면, 뭐가 뭔지 알 수 없게 된다. 불교의 가르침에 따르면, 이 세상의 사건이야말로 환각인 것이다.

이 문제를 자세히 논하려면 또 한 권의 책을 쓰지 않으면 안 되니까, 이야기를 여기서 간단히 마무리 짓지만, 결론적으로 말하면 서양은 특히 근대 이후에는 이 세상의 현실을 명확히 파악해, 그것을 현실로서 취급하는 태도를 가졌다. 그 때문에 현실과 환타지의 구별이 확실하게 존재하지만, 일본에서는 여러 면에서 서양화되었다고 말해도 현실과 환타지는 아득히 먼 곳에서 교차되어 있다는 형태로 받아들여지고 있는 것이다. 이러한 이유 때문에 일본에서는 본격적인 환타지가 싹트기 어렵다. 『논짱 구름을 타다』는 분명히 일본류의 환타지 작품이지만, 이미 말한 것처럼 서양류의 『끝없는 이야기』와는 상당히 다르다.

　사실, 이처럼 딱딱한 이야기를 오랫동안 언급한 이유는 '일본 어린이와 서양 어린이의 눈에 비친 우주의 모습은 각각 다른 것이 아닐까' 라고 생각했기 때문이다. 물론, 시대와 함께 그것은 계속 변하여, 일본 어린이들도 점점 서양화되어가고 있다고 말할 수 있을 것이다.

　반면, 최근 서구에서 빈사 체험에 대한 관심이 급격히 높아진다는 사실은 오히려 구미세계에서 동양적인 견해, 즉 현실과 환타지의 구별이 모호하다는 견해에 관심을 보이고 있는 것이라고 말할 수도 있을 것이다. 즉, 일본 소녀 논쨩이 본 세상의 모습은 오늘날 첨단을 걷고 있는 서구사람에 의해서 주목받고 있는 셈이다. 발표 당시가 아니라 현 시점에서 『논쨩 구름을 타다』를 환타지 작품으로서 서구사람에게 읽힌다면, 의외로 재미있어 하지 않을까? 한 어린이가 본 우주의 광대함은 상당한 넓이와 깊이를 가지고 있는 것이다.

V. 어린이와 노인

— 「죠콘다 부인의 초상」 중에서

ⓒ 어린이와 노인의 친밀성

앞 장에서 소개한 이야기에서 소녀 논짱이 구름 위의 할 아버지와 만났다는 점은 상당히 중요한 의미가 있다. 할아 버지의 눈을 통하여 자신의 세계를 바라봄으로써 논짱은 [엎드려 머리 숙이는 마음]이라는 중요한 사실을 배울 수 있었던 것이다.

노인과 어린이는 이상한 친근감을 가지고 있다. 어린이 는 저쪽 세계에서 이제 막 왔고, 노인은 얼마 후 저쪽으로 가게 되어 있다. 두 사람 모두 저쪽 세계에 가깝다는 공통 점을 가지고 있는 셈이다. 청년이나 어른이 이쪽 세계의 일로 정신없을 때, 노인과 어린이는 이상한 친근감으로 묶 이고 서로를 감싸주거나 서로 공감해간다. 물론, 일반적인 의미에서 노인과 어린이는 정반대라는 것도 엄연한 사실이 다. 반대의 부분과 공통의 부분, 이것이 서로 작용하여 노 인과 어린이 사이에는 흥미로운 교류가 생겨나는 것이다. 노인과 어린이의 관계에는 많은 의미 심장한 측면이 있지 만, 여기서는 [안내자]라는 점에 한정하여 고찰해보기로 한다. 안내자가 무엇을 의미하는가는 지금부터 언급하여 분명히 하겠다.

1. 안내자로서의
노인
•

1
안내자로서의 노인

🐚 사와끼 할아버지의 일

안내자로서 노인의 모습을 잘 묘사한 작품으로 이마에 쇼지의『도련님』을 들고 싶다. 이것에 대하여 이미 다른 것에서 소개한 적이 있기 때문에 안내자라는 점에만 초점을 맞춰 언급하기로 한다.

주인공 고마쯔 히로시는 초등학교 4학년생이다. 오오사까의 〔도련님〕으로 행복한 생활을 즐기고 있었다. 그런데 4년이라는 세월 사이에 생각지도 못한 변화가 계속해서 일어나 나중에는 히로시가 〔나에게는 모든 것이 울부짖어도 —옛날은 죽어버렸다〕라고 회상할 정도의 힘든 경험을 한다. 히로시가 경험한 4년 사이에는 태평양 전쟁이 일어나고 일본이 패전해 일본 전체가 암울한 시대였다. 이보다 조금 앞서 히로시의 아버지가 갑자기 죽었고 오오사까의 대공습으로 히로시의 집이 전부 불타버렸다. 정말 〔모든 것이 울부짖어도〕라는 상태였던 것이다. 히로시를 지탱해준 모든 것이 붕괴되는 것 같은 과정 속에서 히로시를 돌보고 그 성장을 도와준 한 노인이 있다. 바로 사와끼 할아버지였다.

아버지의 죽음 이후, 히로시의 집에는 할머니가 와 계셨는데 할머니도 곧 돌아가신다. 그래서 옛날에 고마쯔 집안에게 도움을 받았던 친분으로, 60세 가량의 사와끼 할아버지가 [노복]으로 함께 살게 되었다. 당시 60세라고 하면 상당히 늙은 노인이었지만, 사와끼 할아버지는 [몸동작이 잽싸고 부지런]했고 때로는 젊은 사람을 능가하는 민첩성과 강인함을 가지고 있었다. 원래는 깡패였기 때문에 지금도 싸움에 능하다. 게다가, [후스마 그림(주: 일본에서 집안의 여닫이문에 그리는 일종의 벽화 같은 그림)]을 그리면 눈이 휘둥그레질 정도로 뛰어난 솜씨를 보였다. 사와끼 할아버지 속에는 노인과 젊은이가, 강인함과 부드러움이 공존하고 있었다.

혼의 안내자

이러한 사와끼 할아버지가 히로시에게는 혼의 안내자로서 활약한 것이다. 당시 지도자나 리더는 지나치게 많다고 느낄 정도로 있었다. 군국주의 일색으로 물든 일본 전체가 한방향으로 달려가고 있던 시대였기 때문이다. 방향이 명확히 정해져 있는 때는 지도자나 교사가 활약하게 된다. 이 때는 주어진 방향에 따르지 않는 것은 악이라고 단죄하면 되는 것이다.

그러나 인간이 살아가는 방법을 그렇게 한 방향으로 규정할 수 있는 것일까? 또 무엇이 [옳다]고 그렇게 간단히 결정할 수 있는 것일까? 인간의 혼은 그것에 대해 강하게 [아니오]를 외치고 있을 것이다. 예를 들면, 히로시는 같은 반에 있는 시로이시 나기사나 전기 과학관에서 우연히 알게 된 교토에 사는 시마 에쯔꼬 등과 사귀고 싶다고 생각한다. 히로시의 혼이 그것을 부르는 것이다. 그러나 당시의 도덕규범은 그런 허약한 생각은 한마디로 [악]이라고 규정하고 있었다. 사와끼 할아버지는 그것에 대해 좋다, 나쁘다를 언급하지는 않았다. 단지, 히로시가 [여자아이]들과 사귀도록 도와주고 그것을 방해하려는 것들에 과감히 도전했다. 안내자는 사회적 규범이나 지도자의 언어에 현혹되지 않고, 혼의 속삭임에 따르는 것이다. 거기에는 언어보다도 행동이, 개념이나 규범보다도 인간 존재 그 자체가 보다 소중한 의미를 가진다.

ⓦ 생명을 건 일

사와끼 할아버지의 활약은 해군 소장 변장 사건으로 클라이맥스를 맞이한다. 히로시의 형 요지로는 학교의 수영부원이었는데, 수영장이 [대 일본제국 해군군대]의 사용을 위해 학생들의 사용이 금지되었다. 요지로는 이 이유를 알려고 노력하지만, [군의 기밀]이라는 벽에 부딪쳐 번번히 제지당하고 만다. 여기서 사와끼 할아버지는 일생 일대의 연극을 통해, 해군 소장으로 변장하고 수영장에 들어가 비밀을 알아내온다. 그것은 당시 절대 권위자인 군에 대한 격렬한 반항이자, 그것은 문자 그대로 생명을 건 일이기도 하다.

여기서 사와끼 할아버지가 한 행동의 의미에 대해 좀더 생각해보자. 히로시와는 달리 형 요지로는 당시의 군국주의에 심취되어 있었다. 그에게는-당시의 많은 소년들이 그랬던 것처럼- 일본 군대는 절대적인 존재였다. 사와끼 할아버지는 요지로가 반드시 알아내고 싶어하는 수영장 사용 금지 이유를 밝혀 내어 요지로를 만족시켰다. 하지만 한편으로는 [대 일본 제국 군대의 모습에 얼룩]을 묻혀, 요지로의 절대적인 가치관을 뿌리째 흔든 것이다. 이와 같은 모순을 내포하는 것도 안내자의 특징이다. 그는 안내해야 할 상대 그 존재 자체는 소중히 여기지만, 그렇다고 해서 그 인간이 가진 이데올로기를 소중히 생각하는 것은 아니다.

논쨩이 만난 구름 위의 할아버지도 안내자와 같은 성격을 가지고 있다. 그는 일반적인 [착한 아이]개념에 대해 확실히 반대를 표명하고 있다. 그러나 할아버지를 안내자로 보기에는 지나치게 가르치려는 부분이 없지 않다. 따라서 그는 지도자와 안내자의 중간적 존재라고 말할 수 있을 것이다.

☽ 안내자의 운명

사와끼 할아버지는 이처럼 소년 히로시의 성장을 위해 안내자로서의 역할을 수행해주었는데, 전쟁이 끝나기 얼마 전, [특별 고등계 형사]에 의해서 살해당한다. 유명한 [옥음방송 (주: 일본 왕이 직접 육성으로 방송하는 것을 높여서 부르는 용어)]을 들었는데, 사와끼 할아버지만이 그 의미를 이해하고 [일본이 졌다]고 부르짖는 듯한 소리를 질렀다. 그러나 다른 사람들은 방송을 전혀 이해하지 못했다. 거기에 있던 사복 고등계 형사는 곧 사와끼 할아버지를 에워싸고, 구타해 죽인 것이다. 정말로 멋진 사와끼 할아버지가 이런 식으로 생명을 잃은 것은 실로 안타까운 일이지만, 이처럼 진실을 알리려다가 생명을 잃는 것은 안내자의 운명으로서 자주 있는 일이다. 히로시에 대한 할아버지의 안내자로서의 사명도 여기서 막을 내릴 때가 되었던 것이다. 그것은 어떤 의미에서는 사와끼 할아버지에게 가장 알맞은 시기였다.

🐚 충신 요하네스

『도련님』의 사와끼 할아버지가 노인 안내자의 전형적인 예라고 말할 수 있는데, 그것과 유사성을 많이 가진 서양의 이미지에 대해서도 언급해보고 싶다. 그것은 그림형제의 동화 『충신 요하네스』속의 요하네스이다. 이 이야기의 요점만을 소개하자. 연로한 왕은 임종을 앞두고 충신 요하네스를 불러 왕자를 도와주도록 부탁한다. 늙은 왕은 성안에 있는 어느 한 방만은 왕자에게 보이지 말도록 유언을 남기고 세상을 떠난다. 그러나 왕자는 요하네스의 제지를 뿌리친 채 금지된 방을 열고, 거기에 있던〔황금지붕 저택의 여왕〕이 그려진 그림을 보고 그 속에 있는 여왕에게 반해 사랑에 빠진다.

요하네스는 왕자의 사랑을 실현시키기 위해 여러 가지 계략을 꾸민다. 여왕이 황금을 좋아한다는 사실을 알고 왕자와 요하네스는 황금 세공 상인으로 변장한다. 배를 타고 여왕의 나라로 가서 우여곡절 끝에 여왕의 배에 승선하고 그 배는 그대로 출항한다. 왕자는 배 안에서 구혼에 성공한다. 그런데 요하네스는 까마귀가 서로 이야기하는 것을 듣고, 왕자가 위험에 빠졌다는 것을 알고는, 때로는 왕자의 의지에 역행하면서 왕자를 구해낸다. 그러나 그 때 요하네스는 진실을 말했기 때문에 돌로 변해버리고 만다. 그 후 왕자는 자신의 아이를 희생시켜 요하네스를 살려내는데, 다시 살아난 요하네스가 그 아이의 생명을 구해 이야기는 행복한 결말을 맺는다.

🐚 안내자의 역할

여기서 요약해본 『충신 요하네스』의 이야기에서 요하네스에게 부여된 역할은 사와끼 할아버지의 그것과 상당히 비슷하다. 우선, 아버지가 죽은 후 아이들을 도운 [충신]이라는 것이다. 계략뿐 아니라 행동력도 뛰어났고, [변장]에도 능하다는 것, 주인공과 여성을 결합시키기 위해 중요한 원조를 한다는 것, [충신]이면서도 때로는 주인의 의지에 역행하거나 위협하는 듯한 행동을 하기도 한다는 것, 그리고 마지막에 진실을 말함으로써 사와끼 할아버지는 생명을 잃었으며 요하네스도 돌로 변했다는 것 등 참으로 많은 유사점을 가지고 있다.

『충신 요하네스』의 이야기에 의하면, 늙은 왕이 죽는 것은 낡은 규범, 낡은 제도가 멸망해가는 것을 상징하는 것이다. 그래도 아버지 되는 왕은 낡은 것을 그대로 지키고 싶다는 바람과 자신의 자녀라면 새로운 질서를 만들어내리라는 기대의 모순된 기분 속에서 [황금지붕 저택의 여왕]이 그려진 그림을 일부러 한 방에 장식해두면서 그것을 보는 것을 금지한다는 복잡한 행동을 한 것이다. 요하네스는 그러한 상황 속에서 왕자를 지키고 안내해 지금까지 그 나라에 없었던 새로운 요소 [황금지붕 저택의 여왕]을 첨가하여 새로운 질서를 세우는 데

성공한 것이다.

🐚 일본과 서양의 유사성

히로시의 아버지도 사망한다. 그러나 이 경우의 상황은 한층 복잡하다. 히로시 아버지의 죽음에 의해서 고마쯔 집안에 들어온 〔새로운 질서〕는 군국주의적인 것이다. 고마쯔 집안의 사람은 그것에 계속 대항하여 결국 죽은 아버지의 유지를 지키고 전쟁 이후에 누리게 되는 희망찬 새 질서가 실현될 때까지 힘을 모아 헤쳐나갔다. 여기에 사와끼 할아버지의 노력도 상당히 작용했으며, 그는 결국 생명을 잃게 되었다. 아버지가 죽은 후, 사와끼 할아버지의 안내가 없었다면 소년 히로시는 도대체 무엇을 쫓아 살아가야만 했을지 전혀 알 수가 없었을 것이다. 격동의 시대를 살아온 한 소년의 안내자로서 일본 작가가 그려낸 모습과 서양의 옛날 이야기에서 늙은 왕의 죽음 후에 왕자를 돕는 충신의 모습과는 여러 가지 면에서 유사하다는 사실은 아이들의 우주에 대해 생각할 때 실로 흥미로운 것이다.

1. 안내자로서의
노인

•

2
안내자로서의 어린이

🕮 부랑자 소년 사라이

앞에서는 어린이를 위한 안내자로서 노인이 얼마나 큰 역할을 하는지를 살펴보았는데 여기서는 반대로 어린이가 노인의 안내자로서 역을 하는 예로, 카닝즈버그의『죠곤다 부인의 초상』을 들기로 한다. 이것은 연달아 걸작을 발표한 카닝즈버그의 작품 중에서도 최대 명작이라고 말해도 좋을 정도이다.

누구라도 그 이름을 아는 레오나르도 다 빈치가 거짓말쟁이며 좀도둑이고 고집 센 사라이라는 소년을 제자로 삼아 소중히 여기고, 사라이의 누나에게 지참금을 주기 위해서 돈을 빌리거나 자기 재산을 나누어주라는 유언을 남긴 이상한 사실이 있다. 왜 레오나르도가 이런 일을 한 것일까? 작자는 서두에서 그런 의문을 파헤치기 위해 이 이야기를 썼다고 밝히고 있다. 여기서 결론부터 말하면, 사라이야말로 거장 다빈치의 안내자였던 것이다.

이 작품에 나오는 레오나르도는 노인은 아닌지도 모른다. 그러나 사고나 행동으로 보면 [늙은 현자]의 이미지를 품어도 좋다고 생각하므로 이러한 시각에서 본다면 노인으로 생각해 볼 수 있을 것이다. 이 늙은 현자를 위해 안내자로서 사라이라는 부랑아 소년이 등장하는 것이 흥미로운 일이다. 레오나르도는 사라이가 소매치기를 하다가 붙잡혔는데 이를 용서할 뿐아니라 오히려 자신의 제자로 삼는다. 사라이는 장난을 치거나 어처구니없는 실수를 저지르지만, 다른 사람에게 신경을 쓰거나 잘난 척만 하려는 상류사회에 대해 사라이가 내뱉는 거침없고 직선적인 말들을 레오나르도는 오히려 즐겼다.

🐚 예쁘지 않은 신부

다빈치가 섬기는 밀라노의 지배자 로도뷔고 공작이 결혼식을 올리는데, 그 축제 계획을 다빈치에게 맡겼다. 사실 로도뷔고는 훼라라 공작의 딸 중 미인으로 소문이 자자한 이자벨라를 아내로 맞고 싶어했지만, 미처 구혼을 하기도 전에 이자벨라는 다른 사람과 약혼을 해버려, 훼라라 공작은 로도뷔고에게 이자벨라의 동생 베아트리체를 권한다. 로도뷔고도 정략적으로 이에 동의는 했지만, 언니와 비교하면 아무리 봐도 미인이라고는 할 수 없는 베아트리체가 썩 마음에 들지는 않았다.

레오나르도의 덕분에 결혼식의 축하연은 대성공이었다. 사라이는 신부를 보려고 필사적으로 노력했다. 그러나 어렵게 보고 나서 곧 〔뭐야, 저 사람은 키도 작고 피부색도 검어서 전혀 볼품이 없잖아!〕라고 말했다. 그리고 그는 이 신부가 로도뷔고 공작의 호감을 얻지 못하는 것은 당연하다고 생각했다.

🍂 베츠레헴의 별

결혼식을 한 지 3개월 정도 지나서 사라이는 우연히 베아트리체와 만난다. 이야기를 나누는 동안 둘 다 장난을 좋아한다는 것이 상대방에게 전달되면서, 서로의 마음이 만나는 순간을 경험한다. 두 사람은 서로의 눈을 바라보면서 〔상대의 눈 속에서 뭔가 이해할 수 있는 것을 발견했다. 다른 것이 섞이지 않은 장난의 재능을 서로 인정했다〕. 그리고 사라이는 꽃을 관찰하면서 스케치하고 있는 레오나르도에게 베아트리체를 데려갔다. 레오나르도는 〔베츠레헴의 별〕이라는 잡초의 스케치를 하고 있었다.

사라이라는 중개자의 덕분에 레오나르도와 베아트리체는 곧 솔직한 이야기를 나눌 수 있었다. 베아트리아체는 언뜻 보면 많은 하인에게 시중을 받으며 행복한 듯이 보이지만, 〔그가 누구인지는 알고 있어도 어떤 사람인지는 알지 못하는 숭배자와 함께 있으니, 이런 쓸쓸한 마음을 어떻게 극복할 수 있겠어요?〕라며 호소한다. 그녀는 또한 자신은 미인도 아니고 남편에게 무시당하고 있다고 한탄하였다. 이것에 대해 레오나르도는 그녀의 용모가 예쁘지 않다는 점은 솔직히 인정하면서도, 손에 들고 있던 〔베츠레헴의 별〕을 내밀며 이 꽃은 눈에 뜨이는 것은 아니지만 잎의 구조가 흥미롭다, 당신도 꽃보다는 잎으로 사람의 눈을 사로잡는 존재가 되지 않겠느냐라고 위로한다. 베아트리체는 그것에 동의하고 자신도 그와 같은 노력을 해왔지만, 아무래도 남편은 다른 미인에게 마음을 빼앗겨버린 것 같다고 말한다. 로도뷔고 공작은 췌체리아라는 미인을 애인으로 두고 있었으며, 로도뷔고의 요청에 의해 레오나르도가 췌체리아의 초상을 그린 사실을 베아트리체는 이미 알고 있었다.

잠자코 듣고 있던 사라이는 베아트리체의 초상을 레오나르도에게 그려달라고 부탁해야 한다고 말하지만, 그녀는 그것은 아무래도 시간 낭비라며 사양한다. 그녀 자신은 스스로를 [단지 눈에 띄지 않는 얼굴]이라고 말한다. 그것에 대해 사라이는 [나는 좋아한다]고 분명히 말하고, 레오나르도도 [나도 그렇다]고 덧붙였다. 그러나 초상화의 이야기는 더 이상 진전되지 않았다.

☙ 남편의 사랑을 되찾다

베아트리체와 사라이는 점점 더 친해지고, 사라이 덕분에 레오나르도도 베아트리체를 방문한다. 로도뷔고 공작은 레오나르도를 찾으러 왔다가, 베아트리체의 방에 머무르게 되었다. 이는 공작이 아내가 이상한 매력을 가지고 예술가들의 능력을 높여주고 있다는 소문을 들었기 때문이다. 실제, 그녀는 [머리 속에 눈에 보이지 않는 자를 가지고]있는 것 같았다. 많은 예술가들은 그녀 특유의 [자]에 의해서 내려지는 평가를 듣고 자신의 예술성을 높이기 위해 더욱 노력하여 결국은 멋진 작품을 가지고 베아트리체의 곁으로 몰려들었던 것이다. 이러한 젊은 아내의 매력을 발견하자, 로도뷔고는 그녀를 사랑하게 되었다. 그는 레오나르도의 눈을 통하여 아내의 좋은 점을 발견할 수 있었던 것이다.

로도뷔고는 드디어 아내 베아트리체의 초상을 그려달라고 레오나르도에게 요청했지만 이번에도 그녀가 자신의 초상을 그리는 것은 말의 초상을 그리는 것이나 다름없다며 강하게 거절했다.

한편, 베아트리체의 언니 이자벨라는 자신의 아름다움을 뽐내며 레오나르도에게 자신의 초상을 그려달라고 의뢰한다. 그러나 인간의 내면을 보는 레오나르도에게 그녀는 흥미를 끌만한 대상이 아니어서, 그릴 기분이 전혀 생기지 않았다.

🐚 도약하는 것

남편의 사랑을 되찾은 베아트리체는 남편을 대신해 다른 도시를 방문하는 등 매우 바빠지고, 자신감도 생겨났으며, 그녀 주변에 모여드는 사람도 늘어났다. 따라서 그녀는 더 이상 사라이를 필요로 하지 않게 되었다. 사라이는 쓸쓸했지만, 할 수 없다고 생각했다.

어느 날, 그들은 레오나르도가 로도뷔고 공작을 위해서 만든 거대한 말의 조각 앞에서 우연히 만났다. 사라이의 기대와는 달리 베아트리체는 이 작품을 그다지 높이 평가하지 않았다. 사라이는 그녀의 머리가 보석이나 금이 박힌 옷에 동화되어 버려서 이전의 [자]가 없어졌다고 생각했다. 그러나 그렇지 않았다. 그녀는 이 작품은 [예술작품이기보다는 노력의 결정체다]라고 지적하며, 레오나르도는 책임을 지나치게 의식하며, 자의식이 너무 강해 모처럼의 재능을 발휘할 수가 없었다고 말한다. 그러니까, 사라이가 가진 [조잡한 것, 무책임함이 필요하다]고 덧붙였다. 그녀는 [그에게는 거친 요소가 필요하다] [모든 위대한 예술에는 이것이 필요해. 도약하는 것, 퍼덕거리는 것 말이야. 예술가가 작품을 만들 때는 그 속에 거친 요소가 들어가는 게 가능한데, 레오나르도에게는 없어.—사라이, 레오나르도 선생님이 언제나 뭔가 거친 것, 뭔가 책임에 얽매이지 않는 것을 계속 가질 수 있도록 네가 신경을 써주면 좋겠어]라고 소중한 충고를 해주었다. 그녀의 [자]는 사라진 것이 아니었던 것이다.

☜ 베아트리체의 죽음

사라이와 베아트리체의 우정이 부활한 지 얼마 지나지 않아서 그녀는 병으로 22세에 급사한다. 사라이가 그녀의 죽음을 레오나르도에게 알렸을 때, 레오나르도는 태연했다. 사라이는 이런 레오나르도의 태도에 분개하여, [신은 선생님에게, 초인이신 당신에게, 자신의 작품 이외의 사람을 사랑하는 것은 금지한 것 같다]며 화를 냈다. 레오나르도는 [나는 베아트리체를 좋아했다]고 말하지만 그런 것은 문제가 안 된다고 사라이는 점점 격하게 말하면서, [당신은 사상 제조기다. 얼음 같은 사람이다]라고까지 욕을 해댔다.

베아트리체가 죽은 지 얼마 지나지 않아, 프랑스 군대가 침공하여 레오나르도는 사라이와 함께 밀라노를 떠났다. 결국은 피렌체로 가기로 결정하여 도중에 잠시 이자벨라한테 들르게 되었다. 초상화를 그려줬으면 하는 이자벨라의 욕심이 점점 강해져서 여러 가지 방법으로 레오나르도에게 부탁하러 왔다. 사라이는 계속 단호하게 거절한다. 그러던 어느 날, 레오나르도가 없을 때 잘 알지 못하는 상인이 공방을 방문해 사라이에게 꼭 선생님께 자기 아내의 초상을 그려달라고 부탁하고 싶다고 했다. 사라이는 그런 것은 말도 안 된다고 생각하면서도 반쯤은 장난삼아 이야기를 주고받았는데, 순진한 상인이 자신의 아내를 데려왔다. 사라이는 그녀를 본 순간 가슴이 콱 막혔다.

🐚 죠곤다 부인의 초상

〔이 여자는 자신이 아름답지 않은 것을 알고 있으며, 그것을 분별해가면서 사는 법을 아는 사람이다. 자기 자신을 받아들이고 있기 때문에 사람들이 모르는 깊은 아름다움을 가진 사람이다. 이 여자 앞에 서면 머리 속에 있는 자신만의 〔자〕로 재고 있다는 기분이 들게 하는 눈을 가진 사람이다. 사람에게 즐거움을 주지만 때로는 고통도 주는 여성이다. 참는 것이 가능한 여성이다. 여러 층의 것을 겹쳐서 가진 여성이다〕.

〔그녀는 레오나르도가 결코 그리지 못했던 베아트리체의 초상이 될 것이다〕라고 생각한 사라이는 레오나르도에게 이 여성의 초상화를 그리도록 설득하리라고 결심하였다. 그래서 사라이는 부인의 이름을 묻는다. 상인은 매우 기뻐하며 감사의 뜻을 표하면서 대답한다.

〔마돈나 리사입니다. 저 말입니까? 저는 죠곤다입니다.〕

이것이 이 작품의 끝이다. 즉, 이 이야기는 사라이의 존재뿐만 아니라 레오나르도가 왜 피렌체의 이름없는 상인의 부

인- 즉 모나리자-의 초상을 그렸는가라는 점에 대해도 해답의
실마리를 제공해주는 셈이다. 레오나르도가 걸작 모나리자를
만들어내기 위해서는 사라이라는 부랑아 소년의 안내가 필요
했던 것이다.

☞ 거친 것

사라이가 거장 레오나르도에게 왜 필요했던 것인가는 이미
나타낸 것처럼 작품 속에 베아트리체가 명확히 설명하고 있
다. 카닝즈버그가 일부러 [저자의 글] 속에 [거친 요소]의 의
미를 명확히 규정하고 있는 것처럼 wild라는 단어의 번역에
서 이를 찾아볼 수 있다. 와일드는 거친 것만을 의미하는 것
이 아니라, 여러 가지 의미를 내포한다. 들에 핀 가련한 잡초
도 [와일드]이다. 작품 속에서 잡초인 [베츠레헴의 별]에 대
한 언급이 있었다는 사실을 기억해주기 바란다. 천재 레오나
르도가 열심히 계산된 완성을 추구하는 동안, 사라이는 항상
그것을 부수는 와일드한 면을 거기에 불어 넣는 역할을 담당
했던 것이다. 이와 같은 안내자를 얻는 것이야말로 레오나르
도가 [모나리자]라는 걸작을 창출해낼 수 있었던 이유이다.

3
트릭스터

☺ 자유로운 장난

지금까지 안내자로서 소개한 사와끼 노인, 충신 요하네스, 소년 사라이, 이 세 명은 공통된 트릭스터성을 가지고 있다. 트릭스터가 모두 안내자가 된다고 말할 수는 없지만, 혼의 안내자는 모두 트릭스터성을 지니고 있다고 해도 좋을 것이다. 그리고 일반적으로 노인이나 어린이는 트릭스터성을 발휘하는 경우가 많다고 할 수 있다. 여기서는 트릭스터에 대해 아주 간단히 언급하기로 하자.

트릭스터라는 것은 세계의 신화, 전설, 옛날 이야기 속에서 활약하는 일종의 장난기 같은 것인데, 책략에는 신동이며, 자유자재로 변할 수 있고, 파괴와 건설 양면을 지니고 있는 것이 특징이다. 사라이의 장난을 좋아하는 모습은 이야기 속에서 잘 나타나 있으며, 사와끼 할아버지도 상당한 장난기가 있었다. 책략이라는 점에서는 사와끼 노인, 요하네스, 사라이 각자가 대단하여 세 명 모두 악당이라고 불러도 좋을 법한 행동을 하고 있다는 공통점을 발견할 수 있다. 이것은 기존의 권위를 물리쳐 부수는 파괴력을 가지고 있다. 사와끼 할아버지는 일본 군대에 대항했으며, 사라이는 귀족이나 학자들을 대수롭게 여기지 않고 때로는 웃음거리로 만들었다.

트릭스터의 자유로움은 일반 상식에 매이지 않고 진실을 보는 능력과 연결되지만, 또한 이것은 위험한 것이기도 하다. 사와끼 할아버지는 다른 사람보다 조금 일찍 진실을 알았기 때문에 생명을 잃게 되었으며, 요하네스는 진실을 알림으로써 돌이 되어버린다. 사라이 역시 때때로 진실을 말함으로써 위험에 빠지게 되었는데, 그것을 레오나르도가 구해낸다.

☜ 혼과 여성

인간의 혼이란 원래 단순하게 하나로 묶을 수 있는 것이 아니기 때문에, 혼의 안내자는 자연히 트릭스터성을 갖지 않을 수 없다. 그것은 항상 일정한 방향으로 나가는 지도자나, 언제나 옳은 것을 가르쳐주는 교사에 의해서 억지로 배울 수 있는 것이 아니다. 이 세 이야기에 공통점은 주인공이 어떤 형태로든지 여성과 관계를 갖고자 했고, 트릭스터들이 그것을 돕고 있다는 점에서 흥미롭다. 『도련님』의 히로시는 같은 반의 여자아이를 만날 때마다 사와끼 할아버지의 도움이 필요했다. 왕자는 요하네스의 교묘한 계략에 의해서 〔황금지붕 저택의 여왕〕과 결혼에 성공한다. 레오나르도의 경우는 여성은 어디까지나 그의 내면에 있는 여성이며, 그것은 모나리자의 초상으로서 표현된 여성상이라고 말할 수 있는데, 이것도 사라이의 원조가 절대적으로 필요했다는 사실은 이미 상세하게 설명한 그대로이다. 심리학자인 융은 기회가 있을 때마다 남성에게 있어서 혼은 여성상으로 표현된다고 지적해왔다. 혼의 안내자로서 트릭스터는 여러 가지 방법으로 그 주인의 연령이나 상황에 맞는 원조를 해준다.

✎ 파괴와 건설

일상생활에서도 잘 관찰해보면, 어린이가 트릭스터의 역할을 한다는 사실은 여러 가지 면에서 알 수 있다. 친척들이 모였을 때, 자신이 가장 위엄있고 권위가 있다고 뽐내는 사람을 어린이가 한마디로 형편없이 만들어버리는 경우가 있다. 교사가 단단한 권위의 껍질을 쓰고 행동할 때도 트릭스터로서의 아이가 그것을 멋지게 파괴해버린다. 이 때, 어른은 아이에게 화를 내거나 그것을 배제해버리지 않고, 트릭스터에 의해 파괴된 것이 어떻게 하면 새롭게 건설될 수 있는가에 대해 잘 생각해볼 필요가 있다. 어른의 태도가 어떤가에 따라, 그 결과는 파괴와 건설의 양 극단으로 나뉘게 되는 것이다.

✎ 따뜻한 만남

노인이 아이에 대해, 아이가 노인에 대해 트릭스터로 나타난 예를 앞에서 언급하였는데, 다음은 노인과 어린이가 상당히 진지하게 서로 마주 앉아서, 어느 쪽이 먼저라고 할 것도 없이 트릭스터가 생겨나고, 그것에 의해서 서로의 마음이 따뜻하게 와 닿는 과정을 잘 묘사한 재미있는 작품을 소개하기로 하자. 그것은 사카다 히로오의 『들판의 목소리』라는 단편이다.

〔곧 결혼하게 되는 누나를 따라, 신랑되는 사람의 집에 놀러 갔다. 거기서 88세의 할아버지와 만났다〕. 누나가 그 쪽 집안사람들과 뭔가 의논하는 사이, 〔나는 할아버지의 방에서 둘이만 서로 마주 앉게 되어버렸던 것으로, 내가 긴장하는 것은 너무나 당연한 일이다.〕

누구라도 이러한 경험은 한번쯤은 가지고 있을 것이다. 노인도 아이도 어떻게든 이같은 어색한 상황에서 벗어나려고 계속 애쓰지만 그럴수록 더욱 더 긴장하게 된다. 〔할아버지는 가끔 기침을 하는 것 이외에는 아무 말도 하지 않았다. 나도 따라서 〔어험〕이라고 기침 소리를 내자, 할아버지가 조금 웃고 나도 함께 따라 웃자 조금씩 긴장이 풀려갔다.〕

☙ 친구 비교

할아버지는 〔과자나 들지〕라고 말했는데, 나는 〔네이〕라고 임금님 앞에서 황공해 하는 부하 같은 목소리로 대답했다. 그리고나서 눈치를 보며 만주를 입 안 가득 넣었을 때 〔네 친구들의 이름을 가르쳐주련?〕이라는 이상한 질문이 날아왔다. 할 수 없이 줄줄이 말하기 시작하는데, '잠깐 잠깐'이라고 제지하고 이번에는 한 명씩 말하라며 또다시 이상한 주문을 해왔다.

오른손을 내 쪽으로 가르치며, 몇 번이고 들어올려 보이는 것은 시작하라는 신호인 모양이었다. 할 수 없이 〔이도 기요시〕부터 다시 한번 이야기하자, 할아버지가 곧 이어서

〔도사 요우이치〕

라고 시조를 읊는 것처럼 말했다. 어린애 같은 이름인데, 그것은 할아버지의 친구 이름 같았다.

이상한 것을 참으면서

〔나가무라 다께시〕

나도 같은 음조를 붙여서 천천히 불렀다.

〔하나다 기요나리〕

이것은 할아버지. 이번에는 내가

〔미우라 시게루〕

점점 음조가 붙었다.

이런 상태로 계속해 가면서, 내가 〔노지마 게이시로〕라고 말하자, 할아버지는 노지마 군은 잘 있는가라고 묻는다. 씩씩하며 50미터를 8초0으로 달릴 수 있다고 대답했더니, 할아버지의 친구 중에도 노지마가 있고 백미터를 12초 8에 달린다고 말했다. 속으로 발이 빠른 할아버지가 있다고 놀라고 있는데, 원반 던지기도 잘해서 〔대회에서 2등을 했다. 아까웠다〕라고 아쉬워했다.

〔내년에는 꼭 우승할 거예요〕라며 내가 열심히 위로하자, 갑자기 분위기가 이상해져버렸다.

〔내년?〕 할아버지는 갑자기 움직이지 않았다. 입을 조금 열고 안경 너머 움푹 들어간 눈을 크게 뜬 채 였다. 한참 후, 한번 기침을 하고 부드러운 목소리로 〔과자나 들지〕라고 말했다.

🐌 들판의 목소리

나는 만주를 먹으면서, 할아버지가 옛날 친구의 이야기를 하고 있었다는 것을 알았다. 그래서 〔할아버지도 육상선수셨어요?〕라고 물어보았다. 그러자, 〔아니, 가끔 베이스볼을 하고 논 정도〕라는 신식 대답이 돌아왔다. 그 때 할아버지의 얼굴에서 젊은 얼굴을 발견할 수 있었다. 〔뺨이 빛나고 그것은 어딘가 넓은 들판의 태양을 받으며 반짝이고 있는 것 같았다. 모두가 목소리 높여서 응원하고, 활기차게 구호를 외쳐 대는 소리도 들려 왔던 것이다〕. 나는 할아버지와 이야기하는 동안 할아버지의 젊은 시절 들판에서 베이스볼을 하면서 외치고 있는 목소리까지 들려 오는 듯한 느낌이 들었다. 이 '들판의 소리'가 할아버지의 귀에도 들리고 있었는지 모르겠다.

마음이 따뜻해지는 유머가 넘치는 이야기에서 노인과 아이가 장난을 한다기보다, 오히려 상당히 진지하게 서로 마주 앉아 있다. 누나의 결혼 이야기를 매개로 지금부터 친척이 되려는 나와 할아버지는 최대한의 서비스로 서로에게 호감을 전달하려고 했던 것이다. 그러나 이렇듯 상당히 진지한 만남이야말로 트릭스터가 자연히 무의식 속에서 활약하게 되는 것이다.

〔노지마군의 원반 던지기〕에서 할아버지는 젊은 시절 노지마군의 모습을 떠올렸으나, 나는 반대로 상당히 건강한 노인의 모습을 상상하고 있었다. 이러한 엇갈림은 〔내년은 틀림없이 우승할 거예요〕라고 말한 나의 한마디로 갑자기 분명하게 드러나 할아버지도 과자를 권하는 것으로밖에 어색함을 메울

길이 없었다. 그러나, 생각을 고친 나의 질문에 의해 두 사람은 같은 이미지를 공유하게 되며, 거기에는 [들판의 목소리]까지 들려왔던 것이다.

여기서 트릭스터의 역할을 하며 두 사람에게 이상한 마음의 흔들림과 공명을 체험시킨 것이 다름 아닌 [들판의 목소리]라고 생각해보면 재미있다. 들판은 물론 와일드한 것이다. 위엄있는 체 하던 노인과 아이 사이에 와일드한 것이 침투하여, 그 사이에 유머의 관계를 연출한다.

인간의 세계가 아무리 도시화되어도, 들을 수 있는 귀를 가진다면 [들판의 목소리]는 언제든 들려오는 것이 아닐까? 노인과 아이는 이 들판의 목소리를 듣는다는 점에서 뛰어났다는 것을 우리는 잘 인식해둘 필요가 있을 것이다.

VI. 어린이와 죽음

─「그때 프리드리히가 있었다」 중에서

🕮 죽음의 문제와 어린이

어린이와 죽음은 관계가 멀다고 생각하는 사람이 많다. 확실히 어린이는 태어난 지 얼마 되지 않았으므로 죽음과는 상당히 멀리 떨어져 있다. 그와는 달리 노인은 죽음에 가까이 있다고 생각한다. 혹은 가능하면 어린이를 죽음에서 멀리 떨어져 있게 하고 싶다고 생각하는 사람도 있다. 왜냐하면, 죽음의 문제는 너무 크고, 아이들이 생각하기에는 지나치게 어렵기 때문에 멀찌감치 놔두고 싶어한다. 심지어 때로는 어린이는 죽음 따위는 조금도 생각하지 않는다고 믿는 사람도 있다. 어린이는 매일 씩씩하게 살아가는데 여념이 없어서 죽음에 관해서는 생각할 여유가 없다고보는 것이다. 이러한 생각은 부분적으로는 맞는지 모르지만, 그다지 정확한 생각이라고 할 수는 없다. 아이들은 의외로 죽음의 가까이에서 살고 있으며, 죽음에 관해 생각하고 있다. 게다가 죽음이라는 것은 굉장한 것이기 때문에 어른의 배려 따위로 멀리 피할 수 있는 것이 아니다.

Ⅱ장 4절에서 언급한 놀이치료의 예에서도, P가 갑자기 치료자를 향하여 〔죽는가?〕라고 묻는 대목이 있다. 자신이 이전과는 다르게 변해가고 있다고 느끼거나 치료 종결의 예감 등에서 죽음에 관해 생각했을 것이다. 치료자와 죽음에 관한 이야기를 하면서 성장해가는 것이다.

어린이는 의외로 죽음에 대해 많이 생각하고 있다. 그러나 그러한 사실을 어른에게 말하는 경우는 적다. 그들은 자신의 느낌을 말해도 어른은 불쾌한 얼굴을 할 뿐이라는 것과 굉장히 의미있는 것을 말해주지 않는다는 사실을 이미 잘 알고 있기 때문일 것이다. 어른이 들을 수 있는 귀를 가지고 있을 때만 아이들은 죽음에 관한 그들의 생각을 말해준다. 그 속에는 어른도 깜짝 놀랄 정도의 깊이있는 지혜가 숨겨져 있을 때도 있다.

1
어린이는 죽음을 생각한다

🐚 진지한 물음

3, 4세의 어린이가 죽음에 관해 생각한다는 사실을 모리자끼 가즈에가 언급하고 있다. 감동적인 이야기여서 다른 곳에서도 인용했는데, 여기서도 또 언급하고 싶다. 모리자끼 가즈에는 자신의 두 아이가 각각 3, 4세 경에 〔왜 죽는가〕〔죽으면 어떻게 되나〕〔엄마는 죽는 게 무섭지 않아?〕라고 물어왔다고 회상했다.

그런 질문은 아무 일 없는 듯이 노는 사이에 불현듯 생각나는 것이 아니다. 혼자서 잠들다가 잠에서 깬 한밤중 마음이 깊이 가라앉아 있을 때, 그것을 혼자서 계속 생각하고 그래도 뭐가 뭔지 모를 때 훌쩍거리면서, 아이가 뭔가 힘들어 한다는 걸 알아차린 내게 물었던 것이다.

어린이가 이렇게까지 진지하게 물어오면 부모는 거짓말을 하지 못한다.

〔저기 있잖아, 모두 무섭단다. 그렇지만, 씩씩하게 잘 살잖니? 엄마도 너와 함께, 건강하게 잘 사니까. 그러니까 건강하

게 자라야지…]

혼의 깊은 교류

모리자끼는 정직하게 자신의 생각을 말하면서, [말을 들으려는 것이 아니라, 벌거벗은 혼이 느껴져서 아이를 꼭 안으면서 그 크기와 무게에 떨었다]. 확실히 이런 때 어린이라는 존재의 [크기와 무게]가 정말 피부에 와 닿게 된다. 어린이가 항상 작은 것만은 아니다. 모리자끼는 정면으로 대답하지 못하는 자신을 질책하면서, [단지 열심히 함께 사니까 용서해줘]라고 마음으로부터 생각하고 있는데,

그 때, 아이가 내 등에 그 작은 손을 얹어 어루만지면서 말한다.

[울지마, 이젠 무서운 것은 말하지 않을 테니까]

어머니의 눈물을 보고, 어린이는 기특하게 어머니를 위로한다. 어른이 정말 마음을 열고 대할 때, 어른과 아이의 위치가 바뀔 때가 있다. 세살난 아이가 어머니의 눈물에 의해 위로 받게 되며 더 나아가 그 어머니를 위로하려고 한다. 이만큼 어머니와 자녀의 깊은 마음의 교류가 [죽음]을 계기로 생겨난 것에도 주목하고 싶다. 죽음을 피하고 사는 사람은 참된 마음의 교류를 체험하는 것이 상당히 어렵다. 죽음을 진지하게 생각해본다는 것은 생의 깊이를 더해주는 것과 같다.

죽으면 그 뿐이다

어느 날 전차 속에서의 일이다. 4세 정도의 여자아이와 갓

난아이를 데리고 땀 투성이가 된 어머니 같은 여성이 근처에 앉아 있었다. 어린이는 장난을 하거나, 들떠 떠들고 있었는데 어머니는 꼼짝도 하지 않는다. 그런 모습을 보고 있노라니 상당한 생명력이 느껴져 호감이 갔다. 종점이 되어 내릴 때가 되자, 아이는 어머니에게 급하게 말을 건넨다. [엄마, 사람은 죽으면 다시 살아나는 거지?] 어머니는 빠른 걸음으로 걸으면서 [죽으면 그 뿐이야, 그 뿐이라구!]를 연발하였다. 아이는 그 뒤를 놓치지 않으려고 달리듯 따라갔다.

이 광경은 내 마음에서 좀처럼 떠나지 않았다. 모리자끼 가즈에의 어머니와 자녀의 대화와는 전혀 다른 느낌이지만, 이것도 역시 [삶과 죽음]이 엉켜 있는 깊은 대화라고 생각해도 좋을 것 같다. 어린아이의 물음에 [죽으면 그 뿐이다]를 연발하면서 당연한 듯이 살아가는 어머니를 기독교 신자들이 보면 어떻게 생각할까? [죽으면 그 뿐이다]를 당연하게 말하는 것은 그 사람의 부족한 신앙심을 나타내는 것일까? 아니면 반대로 그 깊은 의미를 나타내는 것일까?

☙ 어떻게 살까?

노는 데 정신이 없는 사이에 종점이 되어 모두가 내려야만 하는 상황이 어린이의 연상을 자극한 것인지, 이 4세 정도의 아이가 [죽음]에 대해 묻는다는 사실에 나는 놀랐다. 어머니의 태도는 [어떻게 살까?]에 관한 자상한 해답을 주어서 이 아이의 질문에 직접 대답하고 있는 것은 아니다. 어린이는 [다시 한번 태어난다]는 그녀 나름의 재생의 이미지를 만들어내고 죽음의 문제를 언급했으나 어머니에 의해 부정되어버린 것이다. 이후 이 아이가 죽음에 대해, 삶에 대해 어떤 생각을 가지게 될 것인가를 생각해보았다. 어쨌든 어린이는 생각보다 훨씬 더 죽음에 대해 생각하고 있다고 느끼게 된 계기가 되었다.

☙ 어린이의 자살

어린이의 죽음에 대해 생각할 때, 항상 떠오르는 것은 가마꾸라 시대의 명승 묘에 소인이 13세에 자살하려고 하면서, [벌써 13세가 되었다. 이미 늙은이가 되었다]라는 말을 남긴 사실이다. 13세가 되어 늙어서 죽음이 가까이 왔는데, 어차피 죽는다면 공양을 위해 굶주린 늑대에게 자신의 몸을 바치려고 스스로 몸을 던져버리기로 결심한 것이다. 당시 묘지라고 하면 사체를 던져버리는 곳인데, 묘에는 자신이 몸을 던진 묘에서 아무 일도 일어나지 않아 아쉬워하며 돌아와, 죽으려던 결심은 철회하게 된다.

상당히 무서운 이야기인데, 여기서 주목하고 싶은 것은 13세를 늙었다고 느끼는 대목이다. 사춘기를 앞에서 [번데기]의 시기라고 언급하였다. 사춘기가 되기 직전의 시기를 굳이 말한다면 애벌레로서는 애벌레의 입장에서 본다면 노년기에 들어간 셈이기 때문에, [늙은이가 되어]라고 느껴도 별로 이상한 것은 아니라고 말할 수 있다. 사실 아이들을 잘 관찰해보면, [성]의 충동을 느끼기 시작해 그것을 둘러싼 큰 변화가 생기기 이전에, 어린이로서 [완성]에 도달하려는 것처럼 느껴지는 때가 있다. 어린이로서는 높은 완성감과 조숙 그 자체가 파괴되거나 혹은 더럽혀질 것이라는 예감이 들어, 그러한 완성을 지키기 위해서 자살을 하는 경우도 있는 것이 아닐까 생각된다.

이 때 어린이의 존재는 투명도가 절정에 이르게 되며 급기야 아이들에게는 어른들이 하는 것이 더럽고, 꺼림칙하게 느껴지는 것은 아닐까? 현재에도 12, 3세 어린이의 자살에서 원인이 분명히 이해되지 않는 것으로 알려진 것 중에는 이러한 자살이 섞여 있는 것이 아닌지 추론해본다. 자살에는 많은 원인이 중복되어 있으며, 또 단순하게 원인과 결과로 나누어 생각할 수 있는 것이 아니다. 여기서 언급한 것도 이것이 원인이라고 단정짓는 것이 아니라, 어린이의 자살은 오히려 상식적으로 이해하기 어려운 점이 많이 포함되어 있다는 사실을 나타내려는 것이다. 물론 묘에는 천재이기 때문에 이런 것을 언어화할 수 있었지만, 아이들은 말로 표현하지 못한 채 스스로 목숨을 끊는다고 생각된다.

🐚 어머니와 딸의 대화

아이들이 생각보다 훨씬 죽음을 많이 생각하고, 죽음 가까이에서 살아가고 있다고 했는데, 그렇다고 그들이 언제나 죽음만을 생각하는 것은 아니라는 당연한 사실을 극적으로 나타낸 이야기를 소개해보기로 한다. 일본에서도 죽음의 임상가로서 널리 이름이 알려진 큐브라 로스와 그의 딸과의 일화이다.

큐브라 로스는 말기 암환자를 위한 워크숍을 열면서 8살 난 딸 바바라도 데리고 갔다. 물론 강제로 데려간 것이 아니라, 딸에게 어떻게 하겠느냐고 묻자 함께 참가하고 싶다고 말해 그 말에 따랐던 것이다. 워크숍은 성공적이었지만, 그만큼 대단한 에너지의 소모를 필요로 했다. 마지막 날, 모두 작별 인사를 하고 있을 때, 바바라가 로스에게 다가와서 [15분만 엄마와 둘이 있고 싶다]고 단호한 태도로 말했다. 피곤하기도 하고 다른 사람과 인사도 나눠야 했지만 로스는 기꺼이 딸의 의사에 따랐다. 이런 점은 상당히 훌륭한 태도로, 다른 사람을 위해서 힘쓰고 있는 사람은 아무래도 자신의 가족을 소홀히 하는 경향이 있는데, 로스가 딸의 희망대로 했다는 것은 훌륭한 태도라고 생각한다.

🕙 어디서 멈출 것인가?

그런데, 바바라는 로스의 손을 이끌고 근처 묘지에 가서, 어떤 비석을 가리키며, [엄마는 이걸 어떻게 생각해?]라고 물었다. 살펴보니 그 비석에는 어떤 가족 4명의 이름이 새겨져 있었는데, 그 중 2명은 죽어서 사망일자가 새겨져 있었지만, 나머지 2명은 아직 살아 있어서 출생일만 있고 사망일자는 없었다. 다시 말하면, 살아 있는 동안에 미리 묘를 만들어 놓았던 셈이다. 이것에 대해 로스가 [이건 좀 너무 한 것 같구나, 이름은 죽은 다음에 새겨도 늦지 않을 텐데]라고 말하자, 바바라는 상당히 안심한 듯이 어머니에게 안기며 [고마워요, 내가 알고 싶었던 것은 그 뿐이예요]라고 말하며 크게 만족해 했다.

로스는 이 일로 상당히 감격했다. 바바라가 어머니에게 말하고 싶었던 것은 무엇이었을까? 그녀가 말하고 싶었던 것은 죽음의 문제를 생각하는 것은 좋지만, 어머니가 지나치게 몰입해서 멈춰야 할 곳을 모르는 건 아닌지, 죽은 사람과 살아 있는 사람을 함께 생각해 워크숍이 끝나도 일상의 생활로 돌아오지 못하는 게 아닌지 하는 걱정이었다. 이와 같은 걱정을 비석 이름의 한 사건을 물어봄으로써, 어머니가 멈출 곳을 아는 사람이라는 사실을 확실히 알게 되어 안심한 것이다.

　나 역시 이것을 읽고 크게 감동했다. 큐브라 로스는 - 그리고 그 딸도 - 굉장한 사람이라고 생각되었다. 죽음은 소중한 것이다. 그것을 멀리하거나 피해서는 안 된다. 그러나 그것에 지나치게 몰입해서도 안 되는 것이다. 우리가 현재 살아 있다는 사실을 잊어서는 안 되며, 그러한 사실은 소중한 것이다. 당연한 것이라고 하면 할 말은 없지만, 죽음에 관한 워크숍을 끝낸 후 그러한 사실을 확실히 확인하는 과정이 어머니와 딸 사이에 -딸을 주도자로서-있었다는 것에 감탄했던 것이다.

2
죽은 자를 애도한다

☙ 상의 형골화

죽은 자를 애도하는 것, 상을 입는 것이 소중한 일임에도 불구하고 현대 사회에서는 그러한 것을 실행하기가 어려워졌다. 현실 사회가 너무나 바빠서, 현대인의 혼에 호소하는 의식이 거의 사라져버렸기 때문에, 애도나 상은 점점 더 뒤로 물러나고 사장되어버린 것이다. 실제, 장례식에 가서 독경을 들으면서, 현대를 살아가는 일본인들 가운데 그것을 진정한 애도의 소리로 느끼고 있는 사람이 과연 얼마나 될까하는 의문이 생긴다. 소위 말하는 조사를 하게 되는 경우가 있다. 그러나 그것도 형골화되어버려 무엇을 말해야 할지 모를 뿐 아니라, 설령 그것이 마음을 울리는 말이라 할지라도 혼까지 다다를 수 있는 언어로 전해지는 경우는 극히 어려운 일이다.

때로는 가족 안에서 등한시하게 되는 애도나 상을 그 집 자녀가 짊어지고 있다고밖에 생각되어지지 않는 경우도 있다. 어린이가 등교 거부나 원인 불명의 신체증상으로 상담을 받으러 와서, 놀이치료를 하면 그 속에 애도나 상의 의식이 나타나는 경우가 있다. 이야기를 들어보면 그 어린이의 가족이 얼마 전 사망하고, 진정한 의미에서 그것에 대한 충분한 애도가 이루어지지 않았던 것을 알 수 있다. 그리고 어린이가 여러 가지 의식을 충분히 하고 나서야 그 어린이의 문제가 해결되는 것이다. 이번은 이와 같은 사례에 대해서는 생략하고, 애도에 대해 생각하게 하는 문학작품과 영화를 들어보자.

⚘ 다아 군과 어머니의 죽음

하이다니 겐지로의 『아이의 이웃』의 주인공인 다아 군은 4세 정도의 남자아이로, 감수성이 상당히 예민한 아이다. 아버지와 둘이서 살고 있는데 어릴 때 어머니가 죽었다는 사실도 이 아이의 예민한 감수성에 영향을 주었는지 모른다. 다아 군은 자신도 모르게 〔죽음〕에 연관된 화제에 마음이 끌리는 경향이 있다. 역의 벤치에서 모여 있는 노인들이 다아 군을 귀여워해주었는데, 노인들의 화제에는 농담반 진담반으로 죽음을 언급할 때가 종종 있다. 다아 군은 뭔가 견딜 수 없는 마음이 되어 〔모두 죽는 거예요?〕라고 물어보지 않을 수 없었다. 그 질문에 대해 〔모두, 금방 죽게 된다〕는 대답이 돌아왔다.

다아 군과 아버지가 들어간 식당에서 저 쪽에 앉은 여점원들이 잡담을 하는 소리가 들려 왔다. 〔여기 주인아줌마 희망이 없대〕라며 사람의 죽음에 대해 아무렇지도 않게 이야기되고 있었다. 죽음이 〔하찮은 세상 이야기〕로서 주고 받는 것을 듣고 있는 동안, 다아 군은 먹던 숟가락을 멈춰버린다. 그리고 이번 일요일 가기로 한 입원해 계신 할아버지의 병 문안을 그만두고 싶다고 말한다.

🐍 모른 척 하는 말

한동안 말이 없이 시간이 흐르는데, 아무래도 아버지는 잠자코 있을 수 없어서, 〔누군가가 죽는 것은 무척 슬픈 일이니까, 모두 모른 척거나 모른 척하는 듯이 말을 한단다〕라고 설명하였다. 다아 군은 아버지의 말을 알아들은 듯하더니 갑자기 〔엄마가 죽었을 때, 아빠는 슬펐어요?〕라고 물어서, 아버지를 당황하게 만든다. 또 다아 군은 그때 자신은 슬퍼했느냐고 물었다. 아버지는 〔슬펐겠지만— 그 때 넌 아직 어렸기 때문에—〕라고 말하면서, 왜 그런 것을 묻는지에 대해 되물어보았다. 다아 군은 〔그렇잖아요, 그 때 슬프지 않았다면, 엄마에게 미안하니까〕라고 대답하였다.

아마도 이 아버지는 아내를 잃었을 때, 많은 〔모른 척하는 말〕이나 〔형식어〕를 사용해야만 했을 것이다. 그 때 충분히 이루지 못한 애도나 상을 지금 4세의 아이가 던지는 예리한 질문에 대답함으로써 이루고 있는 셈이다.

🐍 진정한 독경

보육원에서 새끼토끼가 태어나자 마자 죽었기 때문에 아이들은 새끼토끼를 느티나무 근처에 묻었다. 다아 군은 그것을 뒤에서 계속 바라보고 있었는데, 아이들이 모두 사라진 뒤에도 그자리에 그대로 서 있었다. 보모 한 명이 다가가자, 다아 군은 무언가 입 속에서 열심히 중얼거리고 있었다.

〔죽어도, 죽어도, 죽어도, 죽어도 좋아. 여기 있으니까. 죽어도, 죽어도, 죽어도, 죽어도 좋아. 아직 살아 있으니까〕.

감동한 보모는 노래를 부르는 것처럼, 다아 군의 말을 그대로 따라했다.

이것이 진정한 독경이다. 혼에 이르는 언어이다. 그러니까 그것을 들은 보모도 반복하지 않을 수 없었을 것이다. 이러한 이야기를 들으면, 일반적으로 장례식에서 하는 독경이 혼과의 접촉을 방해하기 위한 〔모른 척하는 말〕처럼 느껴지게 된다.

🐞 금지된 장난

어린이가 하는 진정한 애도의 이야기로서, 영화 〔금지된 장난〕을 언급해보겠다. 이것은 너무도 널리 알려진 영화로 줄거리를 아는 사람도 많을 것이다. 전쟁의 잿더미에서 도망쳐 온 많은 사람에게 적의 폭격기가 습격하여 어린 소녀 뽈레트는 일순간에 자신의 가족을 눈 앞에서 사살당하는 운명을 맞게 되었다. 불쌍한 소녀는 어떤 농가에 맡겨지는데, 결코 환영을 받을만한 처지는 아니었다. 그 곳에서 여자아이는 남자아이 미셸과 친구가 된다.

내면에서 끓어오르는 뭔지 모르는 충동에 의한 것인지 뽈레트는 흙 위에 크고 작은 여러 개의 십자가를 세우고 무덤을 만드는 놀이에 열중하고 미셸도 여기에 가담한다. 미셸은 뽈레트를 기쁘게 하겠다는 일념으로 결국 장의마차의 장식품인 십자가를 가지고 왔는데, 여기서부터 예상치 못한 일이 벌어진다. 미셸의 집과 이웃 집과는 전부터 여러 가지 부분에서 대립하여 사이가 좋지 않았다. 그런데 장례식을 하려고 보니 장의마차의 십자가가 없어진 것을 안 이웃집에서 자신들을 곯리려는 행동으로 오해하여 양쪽 집안이 서로 치고 박는 큰 소동이 일어나게 생겼다.

곤란해진 미셸은 신부님께 가서 고해성사를 하면서, 무덤을 만든 것, 그 때문에 장의마차의 십자가를 훔친 것 등을 고백한다. 신부님은 곧 두 집안이 싸우고 있는 곳으로 달려가, 서로 치고 박고 싸우기 일보 직전인 그들에게 진실을 알리고 쓸데없는 싸움은 피하게 한다. 그러나 무덤 만드는 놀이가 초래한 소동의 결과로 인해 뽈레트는 쓸쓸하게 미셸의 집을 떠나게 되는 것이 이 영화의 마지막 장면이다.

이 영화의 큰 주제의 하나는 애도이다. 뽈레트는 잃어버린 부모뿐만 아니라, 무익한 전쟁에 의해서 생겨난 수만 개의 죽은 혼을 애도하기 위해 무덤을 만들 수밖에 없었다. 그것은 〔놀이〕로서 이루어졌다. 이처럼 많은 종교의식이 형골화되 버린 현대에서는 어린이의 놀이 속에서야말로 보다 본질적인 종교의식이 인정되고 있는 것은 아닐까? 먼저 언급한 다아군의 중얼거림이 어떤 독경보다 뛰어났던 것처럼 말이다.

☞ 소녀의 혼의 말살

다음 이 영화의 두번째 감상 포인트는 고해의 비밀을 무책임하게 누설시켜버린 신부님의 행동에 있다. 비밀의 의미에 대해서는 II장에서 언급한 대로이다. 성직자로서 무슨 일이 있어도 비밀을 지켜야 할 신부님은 단지 두 집안의 치고 박는 싸움을 피하게 하기 위해 비밀을 누설함으로써 한 소녀의 혼을 말살시킨 것이다. 어른들의 신체적 상처를 막기 위한 방편으로 소녀의 혼을 죽였던 것이다. 이것이 어떻게 [성직자]의 역할이라 할 수 있겠는가? 본래 성스러운 것은 이 세상의 계산과는 무관할 것이다. 서로 치고 박는 싸움을 일으키는 어른의 수는 소녀 한사람보다 몇 배 많다고 생각했을 것이다.

나는 이런 말로 기독교를 공격하는 것은 아니다. 성서에는 아는 바와 같이 [당신 중에 백 마리의 양을 가진 사람이 있었다. 그 중에 한 마리가 없어졌다면, 99마리를 들판에 남기고 없어진 한 마리를 발견할 때까지 찾아 헤매지 않겠는가?] (누가복음 15장 4절)라는 구절이 있다. 신부님이 이 구절을 생각하고 고해의 비밀을 지켜야 하는 의미에 대해 깊이 생각했다면, 그처럼 경솔한 행동은 하지 않았을 것이다. 나는 여기서 신부님이 단지 비밀을 지키는 [직무]에만 충실해 치고 박는 싸움이 일어나는 것은 아무렇게나 생각해버리라는 것은 아니다. 이러한 상황 속에서 혼신을 다해 고민하는 것이야말로 성직자의 모습이라고 할 것이다. 여기서 형식적인 대답은 존재하지 않는다.

어떠한 종교라도 그것이 인간의 세속사회와 함께 공존하며 조직화된다는 것은 무서운 일이다. 조직이 확대되어 그것을 유지하는 것에만 전념할 때, 알지 못하는 사이에 애도를 잊어버리고, 상을 잊어버리고, 그리고 혼을 말살하는 것으로까지 발전할 위험을 내포하고 있는 것이다.

3
죽음의 의미

⚘ 어린 나이의 죽음

인간의 평균·수명은 상당히 길어졌다. 그러나 한편으로 어린 나이에, 젊은 나이에 세상을 떠나는 사람이 많아지는 것도 사실이다. 어떤 사람은 오래 살면서 많은 것을 경험하고 죽음에 이르게 되는 것과는 달리, 짧은 인생으로 삶을 마감하지 않으면 안 되는 사람이 있다. 이런 사람에게는 과연 죽음은 어떤 의미가 있는 것일까? 또한 그 후에 남겨진 가족은 그것을 어떻게 받아 들여야 하는 것일까? 죽음은 인간에게 실로 많은 의문을 던지며, 그것으로 인해 인간이 살아가는 의미의 깊이를 찾아내지 않으면 안 되는 것이다.

야마나까 야스히로의 『소년기의 마음』에는 심리치료를 통해 본 어린이의 모습이 생생하게 소개되고 있는데 [아이들의 우주]의 멋진 서술이 돋보이고 있다. 그 중에서 죽음에 관한 하나의 예를 다음에 소개하고 싶다. 소아과로부터 의뢰된 14세 된 소녀가 야마나까에게 왔다. 그녀는 [다발성 경화증]이라는 중병을 앓고 있었다. 손발의 근육이 서서히 마비되고,

축소되어 결국에는 시력도 잃고 누워 있을 수밖에 없는 병으로 현재까지는 치료법을 발견하지 못했다. 이 소녀를 위해 어머니는 7년 동안 헌신적으로 간호했으며, 야마나까도 최대한의 원조를 아끼지 않았다. 마지막에는 시력을 잃어서 귀로만 들을 수 있는 아이에게 그녀가 좋아하는 음악이나 시 등을 녹음해 보낼 정도였다.

☙ 가족이 꾼 꿈

그녀가 숨을 거두자 시집간 언니로부터 전화가 걸려와서 다음과 같은 꿈을 꾸었다고 했다. 〔알고 보니 하얀 상의에 빨간 하카마(주: 가랑이가 넓어 치마같이 보이는 정장할 때 입는 일본 옷의 하의)를 입은 마미꼬(이 소녀에게 야마나까가 붙인 이름)가 베개 맡에서 세 손가락을 집고 앉아 있었다. 〔지금까지 오랫동안 돌봐주셔서 감사합니다. 어머니, 아버지를 잘 보살펴 주세요. 그리고——〕라고 하면서, 공중으로 몸이 훌쩍 떠서, 점점 작아지고 방에 장식해논 불단의 문을 열고 그 속으로 들어갔다〕.

신기한 일은 소녀의 큰어머니도 같은 꿈을 꾸었다는 것이다. 〔부모님은 그 꿈을 듣고 그것은 마미꼬의 유언이 틀림없다고 생각하여, 마미꼬를 입관시킬 때 그녀가 꿈에 입고 있던 신사에서 종사하는 여자가 신에게 평온을 빌 때 입는 그대로의 복장을 시켰다〕라고 야마나까는 덧붙였다. 또 그녀가 누워 있던 이불 아래에서 금색 불상이 나와서 놀랐는데, 그 불상은 그녀가 야마나까의 놀이치료실에서(아마 모래상자 놀이치료를 위한 것으로 추정된다) 가지고 간 아미타여래였다. 그녀는 치료자와 연결을 상징하는 불상에 의해 고통스러운 매일을 위로 받으면서 지냈을 것이다.

심리치료를 하게 되면 -특히 그것이 죽음에 관련되는 경우- 이처럼 상당히 기이한 현상과 만나게 되는 경우가 있다. 우리는 이것을 어떻게 설명할 것인가를 말하기보다는 사실을 사실로서 받아들이고 그것에 포함된 의미에 대해 생각해보아야 할 것이다. 소녀의 언니와 큰어머니가 꾼 꿈은 그녀의 짧고 고통스러웠던 인생이 결코 무의미한 것이 아니라, 보통 사람의 긴 일생보다는 훨씬 높은 차원에서 달성되었다는 것을 알리려는 것처럼 보인다. 그녀는 마지막으로 만족해 하며 세상을 떠났다는 사실을 가족들에게 알리고 싶어서 그런 형태로 꿈에 나타난 것이라고까지 느껴진다.

✆ 금 굴레를 돌리는 소년

어린이의 죽음을 취급한 아동문학 중에 상당히 인상깊은 작품으로 오가와 스에아끼의 『금 굴레』를 들고 싶다. 이것은 주옥같은 엽편소설로 잠시 이야기의 내용을 살펴보자.

다로우는 병으로 누워 있는데, 조금 건강해진 3월 말에 겨우 자리에서 일어날 수 있게 되었다. 다로우는 찾아오는 친구도 없는 길을 혼자서 멍하니 보며, 집 앞에 서 있었다.

갑자기 멋진 금 굴레가 서로 부딪치는 소리를 내는데, 마치 종을 울리는 것처럼 들려왔습니다. 저쪽을 보자, 길 위에서 한 소년이 굴레를 굴리면서 뛰어오고 있었습니다. 그리고 그

굴레는 금빛으로 빛나고 있었습니다. 다로우는 눈을 크게 뜨고 쳐다보았습니다. 지금까지 이렇게 아름답게 빛나는 굴레를 본 적이 없었기 때문입니다.

전혀 본 일이 없는 소년이어서, 다로우는 누굴까라고 의아스럽게 생각했습니다. 이 소년은 〔길을 지날 때, 다로우를 향해 살짝 미소를 지었습니다. 마치 오래 전부터 알고 있는 친구를 향해 모처럼 만나서 반가워하는 것처럼 보였습니다〕.

다음날도 소년은 왔다. 그리고 〔이 쪽을 향하여 어제보다 한층 더 반가워하며 미소를 짓는 것입니다. 그리고 무언가 말하려는 듯이 조금 입을 움직이다가, 그대로 가버렸습니다〕.

다로우는 소년에게 친근감을 느끼고 친구가 되고 싶다고 생각한다. 어머니에게 금 굴레를 돌리는 소년의 이야기를 하지만, 어머니는 믿으려 하지 않았다. 그리고 이야기의 결말이 왔다.

〔다로우는 소년과 친구가 되어, 자신도 소년에게서 금 굴레를 하나 나눠가지고 한없이 길 위를 달리고 있는 꿈을 꾸었습니다. 그러는 사이에 두 사람은 빨간 석양의 노을이 진 하늘 속으로 들어가버리는 꿈이습니다.

다음 날부터 다로우는 또다시 열이 났습니다. 그리고 2, 3일이 지나 일곱 살의 나이로 숨을 거두었습니다.〕

🐚 죽음의 친근성

이것은 죽음이 상식의 차원을 훨씬 뛰어넘는다는 사실을 확실히 말해주는 이야기이다. 죽음은 무서운 것이라고 느끼거나 혹은 일곱 살에 죽다니 참으로 복이 없다고 생각할 수도 있다. 그러한 상식도 중요하지만, 한편 죽음이 다로우에게는 무엇과도 바꿀 수 없는 멋진 체험이었다는 것도 우리는 알아두어야 할 것이다. 그것은 글자 그대로 이 세상에는 없는 울림과 친절함에 넘치는 체험이었다. 다로우가 일곱 살의 나이에 죽음을 맞이한 것은 다른 사람의 70세 삶에 필적하는 무게를 가진 것이라고 말할 수 있을 것이다.

아마, 오가와 스에아끼 자신이 이러한 체험을 한 것은 아닐까? 재능을 부여받은 사람으로서 그는 다행히 저쪽 세계까지는 금 굴레의 소년을 따라가지 않고 이쪽 세계에 돌아와서, 이야기로 표현하고 있는 것은 아닐까? 이런 이야기를 하는 사이에 우리는 죽음에 대한 쓸데없는 공포나 불안이 경감되는 것을 느낄 수 있다.

☙ 그 때 프리드리히가 있었다

나는 이런 이야기로 죽음을 미화시킬 생각은 전혀 없다. 죽음이 무섭다는 것은 사실이며, 불행한 죽음이 있는 것 또한 사실이다. 아동문학에는 많은 어린이의 죽음이 묘사되고 있는데, 그 중에 가능한 한 많은 사람에게 알리고 싶은 소년의 죽음이 있다. 이처럼 끝까지 읽기 힘든 아동문학은 그다지 많지 않을 것이다. 그러나 우리는 읽지 않으면 안 되며, 읽은 것을 잊어서도 안 된다. 리히터의 『그 때 프리드리히가 있었다』가 바로 그것이다. 이것은 훌륭하다든지, 명작이라는 형용사가 붙는 책이 아니라, 단지 가능한 한 많은 사람이 읽어주었으면 하고 바라는 책이다.

이 작품의 '나'는 1925년에 독일에서 태어났다. 당시의 독일은 인플레에 시달리고 실업자가 넘치는 어려운 시대였으며 나의 아버지도 실업으로 고생하고 있었다. 나의 가족이 세들고 있던 아파트 위층에 사는 슈나이더 집안에도 내가 태어난지 일주일 후, 남자아이가 태어나 프리드리히라는 이름이 붙여졌다. 나와 프리드리히가 같은 나이였기 때문에 두 집안은 잦은 왕래를 하며 친하게 지냈다. 가난하지만 따뜻한 마음을 가진 교류가 이어지는 두 집안 사람들의 모습은 호감을 갖게 했다.

☙ 유태인의 박해

그런데, 점점 어려운 일이 생겼다. 히틀러가 등장해 유태인의 박해가 시작되었는데, 슈나이더씨는 유태인이었다. 거기에 내 아버지는 히틀러에게 반드시 찬성하는 것은 아니었지만, 그로 인해 직장도 얻고 수입도 늘어났기 때문에 히틀러의 국가 사회주의 노동당에 입당한다. 아버지는 유태인의 박해 사실을 슈나이더씨에게 알리고, 한시라도 빨리 독일을 떠나라고 충고한다. 슈나이더씨는 내 아버지의 호의에 감사하면서도 독일인으로서 다른 나라로 도망칠 수는 없다고 말한다. 게다가 슈나이더씨는 유태교에 대한 신앙도 확고했다. 그러나, 유태인에 대한 박해는 날로 심해져 갔고 드디어는 모두가 이성을 잃을 정도가 되었다. 결국 군중이 슈나이더 집안에 쳐들어와서 집안에 있는 것을 모두 부숴버린다. 나의 가족은 마음아파하면서도 아무것도 할 수 없었다. 그리고 프리드리히 의 어머니는 그 충격에 의해 엉망이 되어버린 방에서 숨을 거 둔다. 그녀에게는 안 된 일이지만, 그 때 숨진 것이 오히려 잘 된 일인지도 모르겠다. 아파트의 집주인 렛슈는 슈나이더 가 족에게 나갈 것을 독촉하며 여러 가지로 압박을 가한다.

☞ 공습의 밤

슈나이더씨가 유명한 랍비를 숨기고 있다는 사실을 렛슈가 밀고하여, 랍비와 슈나이더씨 두 사람 모두 경찰에 잡혀간다. 집에 없었던 프리드리히는 그 후 다른 곳을 전전하며 숨어 지 내게 되었는데, 1942년의 어느 날, 부모의 사진을 찾아가고 싶어서 나의 집을 방문한다. 프리드리히가 먹을 것도 입을 것 도 별로 없는 생활을 하고 있다는 것은 한눈에 알 수 있었다. 빵을 주고 목욕을 하도록 권하는 사이에 공습이 시작되었다. 지하 방공호에 들어가려면 방공위원 렛슈의 허락이 있어야 하므로 프리드리히는 들어갈 수 없었다. 할 수 없이 나의 식 구만 방공호에 들어가고, 프리드리히는 위에 남았다.

공습이 심해져서 견딜 수 없게 된 프리드리히는 방공호에 넣어달라고 사정하러 왔지만, 렛슈는 이를 매정하게 거절한 다. 다른 사람들은 눈감아주자고 말하지만, 렛슈는 자신이 위 원이라는 사실을 내세워 반대하는 사람은 고발할 것이라고 외친다. 나의 어머니는 프리드리히를 방공호에 넣고 싶어서 필사적이었다. 그러나 아버지는 어머니에게 [정신 차리라]고 말한다. [우리 일가가 불행해질 거라]는 것이다. 프리드리히를 도우려면 자신들의 생명이 위험해지는 것이다.

공습이 끝난 후, 우리들은 프리드리히가 죽었다는 것을 안다. 시체를 발로 차면서 렛슈는 말한다.

[이렇게 죽는 것이 이 녀석에게는 행복하지].

☞ 소년의 죽음의 무게

이것이 이 이야기의 마지막이다. 이것에 대하여 아무런 해설도 필요없다. 한 소년이 1925년에 태어나 1942년에 죽을 때까지의 흔적을 알고 우리는 그 무게를 가슴 밑까지 느끼면서 할 말을 찾지 못하고 있다. 나는 『그 때 프리드리히가 있었다』의 원문표기인 『Damals war es Friedrich』는 독일의 옛날 이야기의 첫머리에 나오는 'Es war einmal'를 의식한 것처럼 생각된다. 작가는 이 이야기는 옛날 옛날의 (einmal)이야기가 아니라, 특정의 확실한 때(damals)에 현실로 있었던 사실이라는 것을 강조하고 싶었다고 생각된다. 이 책의 목차는 한 장만 유태의 고사 솔로몬에 대해 말한 것을 제외하고는 최초의 [태어났던 때(1925년)]에서 최후의 [종말(1942년)]에 이르기까지 모두 연대가 (   )안에 쓰여져 있다. 이것은 악마의 흔적처럼 때의 흐름과 함께 사정없이 프리드리히의 생명을 겨누면서 진행해가는 것이다.

작자 리히터는 이와 같은 현실을 직시하고, 감정에 흔들리지 않는 절도를 가지고 현실을 표현해나갔다. 그리고 프리드리히 소년이 맞이한 죽음의 사실이 우리들의 눈에 확실히 들어오도록 제시하면서 이야기를 끝내고 있다. 이 소년의 죽음

의 의미는 이것을 알게 된 독자 한 사람 한 사람의 앞으로의
삶 속에서 찾아내야 할 것이다.

VII. 어린이와 이성

―『그때 프리드리히가 있었다』 중에서

다른 차원의 존재

아이들에게도 이성은 상당히 중요한 대상이다. 거의 대부분의 사람이 자신이 어렸을 적에 관심을 갖거나 좋아했던 이성에 대한 추억을 가지고 있을 것이다. 조숙했던 사람은 초등학교 2학년 정도에 그와 같은 것을 의식했을 것이며, 그런 경험이 3, 4학년 때였다고 회상하는 사람도 있을 것이다. 또한 그건 자기 혼자만의 느낌이어서 상대방과는 특별히 말한 적이 없었다고 말하는 사람도 많을 것이다.

어떤 사람을 생각만 해도 가슴이 꽉 막히는 듯한 느낌이 들어, 어린 마음에도 이건 심상치 않다고 느끼게 된다. 이런 느낌이 들 때부터 뭔지 보통 세계와는 차원이 다른 것이 다가온다. 그 사람의 존재 때문에 세상이 변해버린 것이다. 그렇다고 해도 그것을 공공연히 말하는 것은 왠지 부끄러워서 비밀로 해두어야 한다는 내면의 목소리가 들려오기도 한다. 말하자면, 초월로 가는 통로에 이성이 서 있다고 볼 수 있다.

성의 문제

이것에 덧붙여, 연령에 따라 성적 욕구가 생겨나기 시작한다. 그러한 성적 욕구는 초등학생 때에는 노골적으로 나타나는 것은 아니지만, 고등학생이 되면 신체적으로는 거의 어른이다. 성스럽다고 이름붙이고 싶을 정도의 경험해보지 못한 다른 차원인 어떤 존재에 대한 동경의 기분에, 신체적 욕망이 뒤엉켜 있는 것을 알고 그것을 어떻게 받아들이고, 어떻게 취급해야 할지를 모르는 채, 어린이로부터 어른의 경계에서 옴짝달싹 못하는 사람도 많다.

어른이 이성에 대해 말하면 너무나 직접적으로 [성]에 연결시켜서 생각하는 사람이 많다. 이 때문에 어린이와 이성 사이에서 나타나는 관계의 본질을 잘못 이해하는 경우가 있다. 자신이 겪는 성적 욕구의 문제를 지나치게 투사해 버렸기 때문에, 판단이 혼란스러워진 것이다. [성]이란 것은 어른에게도 그다지 간단하게 파악되기 어려운 괴물이다. 따라서 어른은 체험자로서 뭐든지 아는 얼굴을 하고 싶어하지만, 정말은 흔들리고 있으며, 그 불안을 감추려고 어린이에게 극단적으로 엄하게 굴거나 반대로 완전히 방임하게 되는 것이다. 어른은 오히려 어린이의 이성관계를 보다 잘 이해하는 것을 통해서 자신의 성에 대한 생각을 보다 풍부하게 할 수 있을지도 모른다.

어린이와 [성]의 문제도 중요한 것이지만, 다른 것에서 이미 논했기 때문에 본장에서는 아이들이 다른 차원의 존재로서 이성에 어떻게 접근해가는지를 어린 나이부터 연령이 많은 순서대로 예를 들면서 생각해보고 싶다.

1
이성의 형제

☙ 이성 형제에 대한 사랑

인간은 장래의 배우자가 될 이성상을 자신의 부모를 모델로 해서 획득하게 된다. 남자아이에게는 어머니, 여자아이에게는 아버지가 장래의 배우자를 결정하기 위한 이미지 제공자로서 의식적, 무의식적으로 도움이 되는 것이다. 반면 교사가 강하게 작용할 때도 있다. 부모에 대한 애착에서 조금씩 멀어지면서, 인간은 자립을 향하게 되는데, 부모로부터 떨어진 첫 단계는 이성 형제에 대한 애착이 생겨나는 단계이다.

물론, 부모에게서 형제에게로 급격히 변해가는 것이 아니라, 그것은 어느 정도 공존하는데 여성에게는 오빠, 남성에게는 누나의 존재가 부모와는 다른 매력으로 다가오기 시작한다. 그것은 [핏줄의 연결]과는 다른 관계의 존재로서 어슴푸레하게 다가오는 것이다. 이러한 느낌의 형제관계를 묘사한 것으로 사노 요오꼬의 『내가 여동생이었을 때』가 있는데, 이것은 생략하고 이와는 달리, 좀더 나이가 든 소녀의 혈연관계가 아닌 다른 사람을 [나의 오빠]로 따르는 경우를 생각해보

자. 이것은 [오빠]가 아니라, 그 저변에는 남녀관계의 사랑이 흐르고 있는 것이다.

🐚 잉게의 오빠

볼게르의 『안녕, 나의 오빠』는 아홉 살 여자아이의 연인=오빠에 대한 감정을 그리고 있는데, 더욱이 그 관계에 어머니가 끼어들어 삼각관계를 이루면서 상황이 더욱 어려워지는 과정을 극적으로 잘 묘사하고 있다. 주인공인 아홉 살 소녀 잉게는 부모와 할머니, 시중드는 사람들에 둘러싸여 지내고 있다. 그녀의 쌍둥이 언니 에리카가 죽은 지 6주가 지났다. 어머니는 시간이 있을 때마다 잉게를 [내게 남겨진 것은 너뿐이야!]라고 꼭 안아주곤 하였다. 그러나 잉게는 엄마가 너무 세게 안으니까 [너무 싫다고 느껴지는 때도 있습니다]. 때로는 몸을 죄어서, 엄마의 팔에서부터 도망칠 때도 있다. 어린이의 마음 속에 자립에 대한 움직임이 시작되면, 아무리 좋은 어머니에 대해서도 지겹게 느껴질 때가 생긴다.

이 때 얼마 전에 이사온 옆집 아들 디타가 잉게 앞에 나타난다. 그는 22세의 호감가는 청년이다. 담 너머로 만난 순간부터 디타는 잉게의 [오빠]가 되었다.

다음 날 잉게 가족이 산책을 갈 때 디타도 함께 가게 되었다. 잉게의 마음은 뛸 듯이 기뻐서, [오늘은 하나부터 열까지 눈에 들어오는 건, 전부가 이전보다 훨씬 아름답게 보이는 것 같은 기분이 들었습니다]라고 생각하였다. 이처럼 한 사람의 이성의 존재에 의해 세상이 다르게 보이는 건 정말 이상한 일이다.

🌸 엄마에 대한 미움

디타는 그림에 소질이 있었는데 파스텔로 잉게의 초상을 그려주고 싶다고 하면서, 모델이 되어달라는 요청을 한다. 그녀는 매우 기뻐하면서 그 자리에서 좋다고 승락한다. 얼마 후 디타가 그림을 그리러 집에 왔다고 해서 뛰어갔는데 이미 엄마가 그에게 시를 낭송해주고 있었던 것이다. 잉게는 지정된 테라스의 끝에 있는 의자에 앉아서 기다렸지만, 디타는 엄마하고 이야기하는 데 정신이 팔려 좀처럼 오지 않았다. '철학'이나 '이상화'라는 뭔지 모를 단어가 두 사람 사이를 오고 가고 있었다. 잉게의 마음 속에는 〔분노가 부글부글 고개를 쳐들기 시작했습니다. 잘 모르는 말이나 그런 말을 나의 디타에게 들려주는 엄마에 대한 분노가 말입니다〕.

어려운 상황이 되어 버렸다. 잉게가 〔나의 오빠〕를 얻어서 무척 기뻐하고 있을 때, 남편이 너무 바빠서 자신에게 별로 관심을 보이지 않아서 쓸쓸해 있던 잉게의 어머니 역시 이 젊은 남성에게 호의를 갖기 시작한 것이다. 디타의 입장에서는 어른 여성과의 대화가 잉게와 이야기 나누는 것보다 재미있는 것이 당연했다. 그러나 잉게의 입장에서는 드디어 가족 이외의 사람을 사랑할 기회를 가지면서도 오히려 상당히 고통스러운 감정을 맛보지 않으면 안 되는 것이었다.

🍓 나무딸기의 선물

부모님이 외출중일 때, 잉게의 초상을 그리러 온 디타는 그녀와 엄마에게 각각 바구니에 든 나무딸기를 선물로 가져왔다. 잉게의 것은 데이지로 장식한 것이다. 디타가 돌아간 다음, 잉게는 나무딸기를 먹었다. 잉게가 선물받은 것은 데이지의 장식이 너무 예뻐서, 엄마에게 보여주려고 놔두고 엄마 것을 먹었다. 전부 먹자, 그 밑에 잘 접혀진 종이 쪽지가 나타났다. 펴보니 거기에는 외국어로 된 시 같은 것이 적혀 있었고 군데군데 '마가릿트'라는 잉게 엄마의 이름이 어지럽게 쓰여져 있었다.

잉게는 그 종이를 바닥에 깔고 자신의 바구니에 있는 나무딸기를 옮기고 데이지의 장식까지 꽂았다. 그러나 한시간도 채 되기 전에 마음이 변했다. 아무래도 그 시를 엄마에게 읽히고 싶지 않다고 생각하고, 종이를 접어서 나무 밑에 묻어버리고 나무딸기는 전부 먹어버리고 엄마에게는 아무 말도 하지 않기로 했다. 인간은 누군가를 사랑하기 시작하면 생각하지도 못한 일을 하거나 생각지도 못한 감정을 체험하게 된다. 잉게는 지금까지 엄마에게 이런 심술궂은 짓을 하게 될 것이라고는 생각한 적도 없었다. 인간은 성장하기 위해서는 사랑과 증오, 양쪽 모두의 체험을 하지 않으면 안 되는 것이다.

🍓 여성으로서의 엄마

어느 날, 잉게는 엄마의 침실에 갔다. 엄마는 화장대 앞에 앉아서 화장을 하느라고 정신이 없었는데, 거울 속의 엄마는 미소를 짓고 있었다. 그 얼굴은 잉게가 지금까지 본 적이 없는 〔수수께끼의 미소〕였다. 이것은 확실히 엄마 얼굴이 아니였다. 잉게가 온 것을 알아차린 엄마는 잉게를 향해 미소를 보냈는데, 그제야 엄마의 미소가 되었다. 잉게는 〔두 종류의 미소에 대해 생각하고 싶었습니다. 하나는 내가 잘 알고 있는 것이었습니다. 그러나, 다른 하나는 내게 있어서 수수께끼였습니다〕. 그리고 잉게는 나중의 엄마 얼굴은 싫다고 느꼈다. 어린이는 엄마는 언제나, 어디서나 엄마였으면 하는 생각을 한다. 사실 그것은 무리한 주문이다.

잉게가족은 휴가를 맞이해 산으로 놀러가기로 되어 있었는데, 아버지가 급한 용무가 생겨 함께 가지 못하게 되었다. 그래서 아버지는 디타에게 대신 가 주도록 부탁하였다. 잉게는 무척 기뻤고, 그녀의 엄마도 잉게만큼 기뻐하는 것 같았다. 오두막에서 엄마와 잉게가 같은 방에, 디타는 별실에서 머물렀는데, 밤에 잉게가 눈을 뜨자 엄마가 없었다. 서둘러 디타의 방으로 가보았더니 그도 없었다. 불안해서 어쩔 줄 모르는 잉게의 눈에 보름달 빛 아래로 엄마와 디타가 산책에서 돌아오는 모습이 보였다. 엄마가 방에 들어왔을 때, 잉게는 자는 척하고 있었다. 그리고 〔엄마는 작은 한숨을 내쉬면서 드디어 잠들어버렸습니다.—내가 잠들기 훨씬 전에〕. 잉게는 〔엄마〕가 아니라, 마가릿트라는 한 여성과 같은 방에 있다고 의식하지 않을 수 없었다.

☙ 연적

토요일에 댄스파티가 있어서 잉게와 엄마는 정성껏 모양을 부렸다. 엄마가 〔분첩에 백 번이나 손이 가는 것을 보고〕, 잉게는 〔이제 충분하잖아요!〕라며 짜증스런 목소리를 내자, 한순간 방이 조용해지는 것을 잉게는 느꼈다. 이미 그들은 한 사람의 연적으로 역할하고 있었다.

파티에서는 우선 잉게는 디타와 춤추는 것을 허락받아 3번이나 추었다. 그러나 시간이 흘러 아이들은 잘 시간이 되어 침실로 가게 되었고 잠옷으로 갈아입으려 했는데 드레스가 잘 벗겨지지 않았다. 그래서 엄마의 도움을 받지 않으면 안 된다는 구실을 가지고 다시 한번 파티가 열리고 있는 아래층에 가려고 이층에서 내려다 보았다. 디타는 잉게와 춤을 추던 때와는 달리 엄마와 꼭 붙어서 뺨이 닿을 것 같은 모습으로 춤을 추고 있었다. 댄스가 끝나도 자리로 돌아가지 않고 둘은 밖으로 쉬러 나가서 돌아오지 않았다. 여기서 잉게는 알콜이 든 어른 음료인 펀치를 조금 마셨다. 다시 댄스가 시작되자 둘은 또 뺨을 맞대고 춤을 추었다. 잉게는 손을 흔들어 보였지만 둘은 알아보지 못한다. 잉게는 또 펀치를 마시고 비틀거리는 다리로 침실로 돌아왔다. 그러나 좀처럼 잠이 오지 않아서 뭔가 하지 않고는 견딜 수 없었다. 테이블 위에 있는 촛불에 불을 붙이고 한참 바라다 보았다. 그러는 동안, 눈앞의 촛불이 둘이 되기도 하고 셋이 되기도 했다. 얼마나 아름다운가 라고 잉게는 계속 감탄을 하며 잠들어버렸다.

🐚 엄마와의 화해

잉게가 눈을 떴을 때는 그녀는 병원의 침대 위에 있었고 옆에는 할머니가 앉아 있었다. 촛불로 화재가 났고 잉게는 구출되었지만, 팔에 화상을 입어서 병원에 있는 것이었다. 엄마가 들어와서 말한다. 〔잉게—부탁이니까, 내 말을 들어봐. 나는 너의 엄마야! 그리고 네가 구조되어 얼마나 얼마나 기쁜지 몰라〕. 그래도 잉게는 아직 디타 일로 마음이 풀리지 않았다. 그 것에 대해 엄마는 상당히 솔직하게 자신의 감정을 말해주었다. 〔잉게에게 미안하다고 생각해. 잉게가 오빠가 생겨서 즐거워한다고 생각하면서도, 나도 쓸쓸했기 때문에 디타의 친절이 즐겁게 느껴졌단다〕라는 것이다. 그렇게 해서 두 사람 사이에는 화해는 이루어졌던 것이다.

디타로부터 편지가 왔다. 그는 갑자기 베를린에 있는 공방의 견습생이 되어 떠나게 되었다는 것이다. 이럴 때 참으로 신기한 것은 지금부터 도대체 어떻게 되는 걸까라고 생각하던 일이 촛불의 화재로 인해 일순간 모두 타 버리게 되고 이를 계기로 생각지도 못한 방향으로의 수습을 맞이하게 된다는 것이다.

조금 만 더 탔더라면 집 전체가 타버리고 인명을 앗아갈지 모르는 〔불〕의 무서움을 보면서 각 사람의 마음 속에 타던 정열의 불꽃은 오히려 적당히 수습되는 방향으로 전환되었다고 말할 수 있을 것이다. 많은 우연이 생기는 것은 우연이라고 말해버릴 수 없는 의미를 느끼게 할 때가 있다. 그리고 지금까지의 잉게의 가족 관계의 방식, 디타의 인격, 이것이 모두 서로 얽혀 그것에 알맞은 해결의 방향을 보인 것이다. 때로는 대형 화재가 될 수도 있었을지 모르며 설령 작은 불로 끝났다 하더라도 당사자의 마음의 불은 더욱 더 탔을지 모르는 일이다.

힘들고 괴로운 경험

아홉 살 소녀 잉게는 태어나서 처음으로 사랑인지 어떤 것인지도 모르는 것을 〔오빠〕를 통하여 배우는 한편에 엄마도 여성이라는 것 그리고 그 엄마와 라이벌이 될 수도 있다는 것 등 짧은 시간에 배우기에는 조금 버거운 짐을 경험한 것이다. 또한, 자신이 엄마에 대해서 심술을 부리거나 미워하기도 한다는 것까지 알았다. 즐겁고 달콤한 추억에 힘들고 괴로운 맛이 가해졌다. 그러나 이 모든 것은 어린이가 성장해가기 위해서 배워야 하는 것이다.

이러한 것을 배우는 사이에 잉게는 마음의 상처를 받기도 하고 또 잉게가 엄마에게 상처를 주기도 하였다. 이것은 괴롭고 힘든 일이다. 그러나 잉게의 어머니와 딸처럼 각각 자신의 마음이 움직이는대로 충실하게 행동하며, 자신의 감정을 속이지 않고 솔직하게 이야기를 나눌 때, 오히려 상처는 성장으로 한걸음 다가갈 수 있는 것이다. 물론 여기서 속임이 있거나 그 상처를 극복할 수 있는 사랑이 충분하지 않을 때는 이런 상처는 간단히 치유되기 어려운 것이 되어서 오히려 성장을 저해하기도 한다.

이 책의 원제목은 『My Summer Brother(나의 여름 오빠)』

이다. 독자들도 어떤 시기만의 잊지 못할 [오빠]나 [누나]의 추억을 가지고 있는 것은 아닐까? 그것이 극히 짧은 시간이라도 그 사람의 인생에 큰 의미를 가진 사건이었음에 틀림없다.

2
어린 왕자

☞ A의 어린 왕자

이 제목을 보고 생떽쥐베리의 작품을 말하려 한다고 생각하는 사람도 있을 것이다. 그러나 여기서 언급하려는 것은 고등학교 카운슬러인 와다나베 슈죠우의 보고에 기초한 어떤 여고생의 [어린 왕자]에 대한 이야기이다.

고등학교 학생 A의 행동이 이상하다며 담임 선생님으로부터 카운슬러에게 연락이 왔다. A는 매일 학교에는 오지만 수업은 들어오지 않는다. 알아보니까, Y군이 있는 다른 반에 가서, 수업중에도 계속 Y에게서 시선을 떼지 않고 바라보고 있다는 것이다. 학급별로 가는 소풍도 Y가 있는 반의 소풍을 따라가서 Y의 뒤를 계속 걸었다는 것이다. 선생님이 주의를 주면서 자기 반으로 돌아가도록 야단을 쳐도 소용이 없다. A는 Y에게 말을 거는 일이 없고 단지, 옆에 있고 싶어할 뿐인데, 하여간 다른 반에 들어가고, 학생들 사이에서도 소문이 자자하여 이제는 더 이상 보고만 있지 못하고 어떻게든 해야만 한다는 상담이었다. 그러던 중, A는 담임 선생님에게 편지를 보냈는데, 그 편지에는 〔나의 어린 왕자가 생겼습니다. 지금은 그 곁에 있지 않으면, 서도 앉아도 어쩔 줄 모르겠습니다. 나의 어린 왕자는 Y입니다——〕라고 쓰여 있었다.

◈ 이성에 대한 동경

A는 담임 선생님의 권유로 상담 교사에게 왔다. Y의 옆모습에 반해서 그 순간부터 좋아하게 되었다는 것이다. 이유는 없고 굳이 말하면 영감 같은 것이다. 그때부터 Y가 보고 싶어서 견딜 수가 없고, Y의 생각으로 머리가 꽉 차 수업은 머리에 들어오지 않으니까, 차라리 Y의 반에 가 있자 라고 생각하고 그 반의 빈자리에 앉아서 얼굴을 보고 있다는 것이다. 얼굴을 보는 것만으로 자신은 만족하여 말을 하거나, 교제하고 싶다는 생각은 하지 않는다. 뭔가에 홀려 열중하고 있는 것처럼 말했는데, 이런 이야기를 할 때 흔히 보이는 소녀의 부끄러움 같은 것은 전혀 느끼지 못했다.

그 후, A는 Y의 반에 가는 것이 점점 더 심해져서, 〔책상을 Y의 가까운 곳까지 끌고 가서 한시간 내내 잡아먹을 듯이 바라본다]. 〔수업 중의 교사도 뭔가 일종에 귀신에 홀린듯, 그대로 둘 수 없는 상태]가 되었다. 이렇게 되면 누구도 손을 쓸 수 없게 되는데, 이럴 때 좋거나 나쁘거나 트릭스터 (181쪽)가 활약하게 된다.

A의 기세에 눌려서 누구도 아무 말을 하지 못하고 있을 때, 어떤 남학생(이것이 트릭스터이다)이 놀림 반으로 〔다른 반 학생이 한 명 굴러 들어왔다]고 큰 소리로 교사에게 알린다.

이것을 듣고, A는 갑자기 일어나서 울면서 교실을 뛰쳐나갔다.

☙ 고민과 혼란

두번째 면담에서는 첫번째와는 달리 상당히 가라앉아서 침묵하는 경우도 많고 눈에는 눈물이 고이며 조금씩 이야기하였다. Y의 일로 머리가 가득하다. Y의 반에 가고 싶은데, 남자아이가 못되게 선생님에게 일러바쳐서 갈 수 없다. 첫번 면담은 상당히 들떠 있으면서 자신과 Y의 일밖에 안중에 없는 것처럼 보였다. 그러나 이번 면담은 앞에서 언급한 사건 이후 자신의 행동에 대하여 관찰할 수 있게 되고 판단력도 조금씩 생겨나 그것 때문에 고민과 혼란이 생겨난 것 같다.

사랑하는 것은 멋진 일이다. 사랑은 사람을 맹목적으로 만들고, 자신과 연인 이외에는 아무것도 눈에 들어오지 않게 만든다. 그러나 인간이 이 세상에서 살아가기 위해서는 때로는 자기 이외의 것에 대한 배려가 필요하며, 이것이 의식되어질 때 사랑하는 것에 대한 고민이 생겨난다. 이와 같은 고민에 의해서 사람은 단련되고 성장하는 것이다. 고통없는 사랑은 그다지 의미가 없다.

3회째 면담에서는 A의 고민은 정점에 이르렀다는 느낌이 들었다. 면담시간 내내 아무 말도 하지 않은 채 눈에 눈물을 글썽이면서 때로는 커다란 한숨을 쉬었다. 카운슬러에게도 이 고통이 아플 정도로 와 닿았지만, 카운슬러는 아무것도 할 수 없어서 단지 장소를 공유할 뿐이었다.

이 면담 후 3일째 되던 날, A는 수면제로 자살을 시도했는데 다행히 가족에게 빨리 발견되어, 입원하고 생명은 건졌다 (담임 선생님은 집에 A의 상태를 알려 부모에게 A를 잘 관찰해 달라고 부탁을 해 놓았다). 카운슬러가 다음날 병 문안을 가자, A는 의외로 건강해보였고 〔고통스러운 것을 견디지 못했어요〕라고 말하였다.

🐚 고백

4회 면담에서는 A는 자신의 자살에 대해서는 전혀 언급하지 않고, 다음과 같은 희망을 말한다. Y의 일이 머리에서 떠나지 않아 고통스럽다. 차라리 마음을 먹고 Y에게 자신의 기분을 전하는 쪽이 마음이 훨씬 편해질 것 같다. Y가 어떤 대답을 하더라도 자신은 각오가 되어 있다. Y와 이야기를 나눈 적이 없기 때문에, Y와 천천히 서로 이야기할 기회를 가지고 싶다. 카운슬러는 담임과 의논하고 Y의 의향을 확인해야 하기 때문에 노력은 해보겠지만, 대답은 기다려 달라고 A에게 말했다.

A의 희망에 대해 어떻게 할 것인가를 카운슬러, 학교 담임교사, 교무주임 셋이서 의논하였다. 자살미수 사건도 있어서 아무래도 신중한 결정을 해야 하기 때문에 의논이 길어졌으나, A의 희망을 받아들이고 Y에게 협력을 구하기로 하였다. 〔Y에게 지금까지의 사정을 설명하고 학교의 비상식적인 조치에 대해 양해를 구하면서 협력해달라고 부탁하자, 만나도 좋다고 하여, 학교 응접실에서 교무주임, 담임 선생님의 입회

아래 A와 Y가 만나기로 하였다]. 이럴 때, 카운슬러는 어디까지나 A개인의 내면 세계와 만나는 것에 중점을 두어야 하므로 자리를 같이 하지 않는 것이 일반적이다.

A는 자신의 기분을 쉬지도 않고 단숨에 말했지만 Y는 그것을 끝까지 침착하게 듣고나서 [자신에게 특별히 폐가 된 적은 없지만, 지금 기분은 한번도 말도 해본 적 없는 사람이어서 좋은 느낌도 싫은 느낌도 없다]며 자신의 입장을 확실히 밝히고 방을 나갔다. A는 한참 동안 소리없이 울고 있었지만 어쨌든 체념할 수 있었던 모양이다. 사실, 이후의 일상행동도 평정을 되찾았다.

그래도 그렇게 쉽게 기분이 정리되지 않았던 것 같았다. 일주일 정도 지난 어느 날, 수업 중에 교과서를 쫙쫙 찢고 울기 시작한다. 카운슬러는 연락을 받고 교실에 갔는데 A가 너무 흥분하여 어떻게 할 수 없어서 상담실로 데리고 가서 한시간 정도 안정을 되찾을 때까지 기다렸다.

🐚 정열의 진정으로

그 다음날, 모든 학생이 집에 돌아간 오후 5시 경, 어슴푸레한 교실에 혼자 서서 창 밖으로 떨어지는 비를 바라보고 있는 A를 어떤 교사가 발견하여 카운슬러에게 알려주었다. 투신자살의 위험성도 있다고 생각한 카운슬러는 교실로 가서, A의 곁에 앉아 30분 정도 말을 하지 않은 채 같이 있었다. 한참을 그러던 중, A는 겨우 집에 갈 생각을 한 것 같아서 둘은 교문까지 걸어 나왔다. 교문 앞에서 A는 [더 이상 선생님을 걱정시키는 일은 없을 거라고 생각합니다. 괜찮아요]라는 말을 남기고 돌아갔다. 그 후 지금까지의 일은 거짓말처럼 A는 공부에 열중하여 좋은 성적을 올리고, 대학에도 합격했던 것이다.

이 예는 극단적이기는 하지만 고등학교 시절, 연애의 전형을 나타낸다. 먼저 언급한 잉게의 경우, [오빠]와 손을 잡거나 때로는 안기거나 작은 강에 같이 뛰어드는 것은 어디까지나 [오빠와 동생]이기 때문에 가능하다. 그러나 이 학생의 연령이 되면 신체접촉의 의미가 달라지기 때문에 오히려 상당히 정신적인 형태가 되어 이 예처럼 [어린 왕자]가 출현하게 되는 것이다. 여기서 표현된 정열은 무척 강해서, A의 행동에서도 많이 나타나고 있지만 그것은 구체성이 결여되어 몇 개월 며칠 이후에는 [거짓말처럼] 없어져버리는 경우가 많다.

인간이 자신의 인생의 반려자를 발견하게 되기까지는 여러 이성과의 관계를 경험하지 않으면 안 된다. 그 때 한 발을 헛딛게 되면 굉장한 일이 생긴다. 고등학생 때에 [어린 왕자]를 발견한다고 해도 A처럼 직접 행동을 하지 않고 고민하는 동안 사라져버리는 경우가 많다. 이것은 그들 역시 격렬하게 타다가도 곧 사라진다는 것을 마음 어딘가에서 이미 알고 있거나, 행동으로 나타내는 것의 위험성을 느끼고 있기 때문일 것이다.

☞ 적절한 원조

그다지 상세하게 언급할 여유는 없지만, 이 예에서 카운슬러가 나타낸 태도도 적절하였다. 그것이 분노든 슬픔이든 사랑이든 강렬한 감정이 움직일 때는 하여간 너무 들어가지 않고 너무 가까이 가지 않고, 적절한 거리에서 함께 있어 주는 것이 가장 바람직하다고 생각한다. 격렬한 감정이 끝나면 그 사람이 스스로 여러 가지 판단을 내리기 시작하는데, 그 때 필요한 원조를 해주는 것이 바람직하다.

3
이성에 대한 접근

☜ 청년기 전기의 고민

어린이가 나이가 들어 어른과 가깝게 되어 성의 문제가 결부될 때, 이성에 대한 접근은 어떻게 해야 할 것인가? 이 점에 대해 깊이 생각하게 하는 작품으로서, 골슈노우의 『누가 너를 죽였는가?』를 들기로 한다. 이것은 청년기 전기의 고민을 그린 명작이다. 등장인물은 고등학생이지만 독일인이므로, 동양인보다는 성숙하는 속도가 빠르다고 생각해도 좋을 것이다. 본서에서 취급하고 싶은 포인트만을 뽑아 언급하므로, 이것만으로 만족하지 말고 이 연령의 아이를 둔 사람은 꼭 원작을 읽어주기 바란다.

이야기는 주인공 나(마르틴)의 친구 크리스토퍼의 장례식 장면에서 시작된다. 크리스토퍼는 생각하기에 따라 자동차 사고라고도 자살로도 볼 수 있는 방법으로 죽은 것이다. 장지의 미사에서 반 친구와 교사도 거의 전원이 참석하였다. [검정 복장을 하고, 그 장소에 알맞은 얼굴표정을 하고 앉아 있었다. 나는 볼수록 견딜 수 없었다]. 마르틴은 결국 견딜 수 없어서 그 장소를 빠져나와버렸다. 왜냐하면 사실 반 친구와 교사 한두 명을 제외하고는 크리스토퍼를 싫어하고 따돌렸는데, 이런 때만 〔그 장소에 알맞은 얼굴표정〕을 하는 것에 화가 났기 때문이다.

🐌 음악의 동료

크리스토퍼는 전학온 학생이었다. 이 학교에 처음 왔을 때, 선생님은 〔건방지다〕고 생각했다. 그는 인생을 언제나 삐딱하게 보고, 냉소하고 있는 듯하였다. 머리는 좋지만 공부를 거의 하지 않아서 성적은 밑바닥이었다. 크리스토퍼는 음악에 대해 뛰어난 감수성을 가지고 피아노 연주를 상당히 잘 했다. 그의 아버지는 국철의 관리직이었지만 음악 따위는 전혀 평가하지 않았다. 아버지는 언제나 학교성적이 좋으면 그것으로 그만이라고 귀가 아플 정도의 잔소리로 크리스토퍼를 질책하였다. 어머니는 아버지의 말이라면 그대로 따르기 때문에 크리스토퍼의 편이 되어 줄 수가 없었다. 크리스토퍼의 유일한 반항은 어쨌든 공부를 하지 않는 것이었다.

나(마르틴)는 이러한 크리스토퍼와 곧 친구가 되었다. 공감할 수 있는 것이 있었기 때문이다. 마르틴은 중학교까지는 모범생이었다. 〔그런데, 잠깐 멈춰서 생각하기 시작하면서, 모든 것이 변해버렸다〕. 누구나가 보내는 평범한 일생, 그것에 어떤 의미가 있는 것일까? 여기서 다른 사람보다 돋보이기 위해 열심히 공부하는 것이 가치있는 것일까? 나는 공부를 그만 두고, 기타에 열중하였다.

여자아이 울리게가 우리들의 동료였다. [가정 싸움, 시끄러운 세상의 소문, 화를 잘 내는 어머니, 이 모든 것을 바이올린에 쏟아버리고 있는] 것이다. 즉, 우리 셋은 음악이라는 공통점으로 친구가 된 것이다.

감수성이 풍부한 크리스토퍼가 세상의 상식, 아버지의 세속적 출세주의에 압도당해 결국은 자살할 수밖에 없는 상황에 몰려 있던 점은 이 책의 주제지만 여기서는 이성과의 관계라는 부분에만 초점을 맞추기로 한다.

☜ 성에 대한 불안과 공포

마르틴은 여성에 관심을 가지고 성적인 욕구도 느꼈다. 그러나, [어처구니없는 실수를 하지 않을까? 그리고 뭐든지 엉망이 되어버리지는 않을까라는 불안을 가지고 있다]. 그러나, 그 연령의 남자아이가 이처럼 성에 대한 불안이나 공포를 가지는 것은 오히려 건강한 것이다. 이런 불안에 의해 적당한 억제가 가능하며 적절한 시기가 올 때까지 기다릴 수 있는 것이다.

울리게는 크리스토퍼에게도, 마르틴에게도 호감을 가지고 있었다. 그러나 굳이 어느 쪽을 선택한다면 울리게는 크리스토퍼에게 좀더 호감을 가지고 있었다. 크리스토퍼가 살아 있어도 별 수 없다는 식으로 말했을 때, 마르틴은 [그래도, 네게는 울리게가 있지 않니?]라고 말했다. 그러자 놀랍게도 크리스토퍼는 울리게와 성관계를 가졌다고 털어 놓으며 [그런 건, 아무 의미가 없다]고 덧붙였다. [모두 의미가 있는 것처럼 생각하지만, 겨우 5분 간 정도, 그 정도야, 그것으로 끝나버려. 그렇게 되면 그것은 이미 과거의 일이야. 일시적인 안정도 얻을 수 없어]. 울리게는 모성적인 기분으로 크리스토퍼를 도와주려고 했고, 성관계를 가지면 그가 그렇게 한숨쉬지 않고도 지낼 수 있다고 생각했던 것이다. 그러나 크리스토퍼는 그것을 [아무 의미도 없다]고 말하고 있었다.

[나는 이해할 수 없었다. 나는 한 순간, 아주 잠시 동안이지만 벽을 쌓아 사람이 다가오지 못하도록 하는 표정을 짓고 있는 크리스토퍼의 얼굴을 갈겨주고 싶다고 생각하였다]. 어쩌면 그때 마르틴이 확신을 가지고 크리스토퍼의 얼굴을 때려주었다면 그의 인생은 달라졌을지도 모르겠다. 그러나 인간은 할 수 없을 때는 할 수 없는 것이다. 그것은 크리스토퍼의 문제였으며, 동시에 마르틴의 문제였다. 크리스토퍼는 허무감이 지나치게 강했으며, 마르틴의 생명력은 충분히 강하지 못했다.

마르틴은 수학 선생님 마이야에게 불려가 크리스토퍼에 대해 이야기하던 중, 이 선생님이 크리스토퍼와 자신의 마음을 상당히 이해해주고 있다는 것을 알고 용기를 얻었다.

☙ 아버지와 자식

마르틴의 아버지는 한 때 조각가가 되기 위해 노력했지만, 결국 자신의 재능을 단념하고 전기제품의 세일즈맨에 되어 생활하고 있다. 이 때문에 수입은 늘고 생활은 상당히 편해졌다. 그러나 마르틴은 이러한 아버지의 살아가는 방식에 대해 무언가 석연치 않다는 느낌이 들었다. 어느 저녁 식사 도중에, 마르틴은 이 일이 걸려, 만약 내게 아버지만큼의 재능이 있다면, [전기제품의 잡동사니 따위를 가지고 여기저기 뛰어다니지는 않을 것이라고] 함부로 말했다. 아버지는 [자신의 희망이 무엇인가를 생각하는 것은 자유지만, 30년이 지나면 네 생각도 달라질 거야]라며 태연하게 대답하였다. 마르틴은 점점 화가 나서 덤벼들었다. 이 때의 아버지의 태도는 훌륭하였다. 아버지는 마르틴에게 조용히 말한다.

[나는 네가 바라는 아버지는 아닐지 몰라. 이상적인 아버지라든지 그런 건 아니겠지, 그렇다고 나에게 상처주는 행동은 용서하지 못한다. 내가 나 스스로에게 말하는 것을 삼가고 있는 것, 그것을 네가 말해도 좋다고 생각한다면 그건 잘못된 생각이야. 네가 알고 싶다면 말해주겠는데 나는 나 자신과의 싸움에서 생각을 바꿨어. 그리고 어느 날 확실히 깨달았어. 내 재능, 그 한계, 내 재능이 과연 우리 가족을 굶겨 죽일 정도의 가치가 있는 것일까? 따져보고 그 가치가 없다고 판단되어 진지한 마음으로 돈을 벌기로 한 거야. 자 나는 지금부터 조용히 식사를 하고 싶어].

마르틴은 자신이 갑자기 초라하게 느껴져서 무언가 말하고 싶었지만, 어떻게 말을 꺼내야 할지 알 수 없었다. '울리게와 합주연습을 해야 한다'고 말하고 그 장소에서 빠져나오려 했다. 어머니는 노골적으로 싫은 얼굴을 하고 또 나가냐고 물었다. 자신이 하는 것을 스스로가 알지 못하고 있기 때문에 쓸데없다고 주장한다. 여기서 아버지는 한 권의 책을 가지고 와서 읽기 시작하였다.

〔오늘날의 젊은이는 뿌리부터 퇴폐해 있다. 악덕, 무신앙, 태만, 이전의 젊은이의 오덕(주: 지, 신, 안, 용, 엄의 덕)을 되찾는 것은 이미 희망할 것이 못되고, 우리의 문화를 그들이 보존해가는 것은 절대로 불가능할 것이다.—어디에 나오는 건지 알겠니? 바빌론에서 나온 점토 서판에 쓰여져 있었어. 약 3천년 전이지〕. 아버지는 계속해서 〔그래도 우리는 지금 문화라고 불리는 것을 가지고 있다. 바빌론의 문화 그대로는 아니더라도 말이야〕라고 말하여, 마르틴은 가볍게 끄덕여 보였다. 마르틴은 그 말에 끄떡거린 것으로 〔아버지에게 비겁한 것을 말해서 잘못했으며 정말 그렇게 느끼고 있다〕는 것을 전달하고 싶었다.

권위에 맞서는 용기

이성에 대한 접근을 언급하면서 아버지에 관해서만 쓰고 있다고 생각하는 사람도 있을 것이다. 사실 내가 강조하고 싶은 것은 이것이다. 즉, 아버지와 자식 사이의 불꽃 튀는 대화 없이는 진실된 이성에 대한 접근이 있을 수 없다는 것이다. 이러한 사실을 이 작품은 잘 알려주고 있다. 물론 아버지와 자식이라는 것이 반드시 실제의 부모자녀관계일 필요는 없고, 〔아버지 되는 것〕으로서 친아버지가 아닌 다른 사람이 선택되는 경우도 있다. 여기에서는 생략하지만, 마르틴과 수학 선생님 마이야와의 대화도 이런 종류의 것으로 생각된다. 권위에 부딪쳐보는 용기도 없이 이성과 만나려는 것은 지나치게 안이한 생각이다.

마르틴은 울리게를 만나러 갔다. 두 사람은 산책하면서 오래된 성의 성벽 위에 앉아서 크리스토퍼에 대하여 이야기하였다. 크리스토퍼는 [자살]직전에 잠시 가출하여 행방불명이 되었다. 그것을 마르틴이 찾아내어 집으로 데리고 왔는데, 그 직후에 [자살 사건]이 생겼다. 울리게는 크리스토퍼 자신을 생각한다면 오히려 죽는 게 낫지 않았는가라며, [뭐든지, 너무 어려웠던 거야. 크리스토퍼에게는 헤쳐나가는 게 무리였나 봐]라고 말했다. 그리고 크리스토퍼가 가출하기 전에 [우리는 함께 잤다]고 털어 놓았다. 마르틴은 이 일을 이미 알고 있었던 사실이다. 그러나 마르틴에게 새로운 사실은 울리게가 임신했다고 잘못 생각한 크리스토퍼는 아버지가 그 사실을 알게 될까봐 무서워서 가출을 한 것이라고 울리게가 말한 것이다.

울리게는 말을 다하고 나서 큰소리로 울었다. 그리고 자신을 남겨두고 훌쩍 가버린 일, [너라면, 그렇게 했겠니?]라고 다그쳐, 마르틴을 어리둥절하게 만들었다. 울리게는 말했다. [나도 못할 거야, 물론 큰일이야. 그렇지만, 파멸이라고 말할 정도는 아니야. 서로 이야기를 해서 어떻게 하면 좋을 가를 생각할 수도 있었는데. 그냥 훌쩍 없어져버리다니…].

마르틴은 자기도 모르는 새, [나라면 사라지는 짓은 하지 않았을 거야]라고 말해버리고 나서 조금 당황하였다.

[우리들은 성벽 위에 앉아 있었다. 나는 그녀의 손을 살짝 잡은 채였다. 그 손을 어루만지고 싶은 기분이 가득했지만 용

기가 없었다. 나는 단지 엄지손가락으로 2, 3번 쓰다듬었다. 그러나 언젠간 용기가 생길 거라는 걸 확신할 수 있었다〕

🌀 부모와의 화해

12시에 집에 돌아간 마르틴은 걱정스러운 얼굴을 한 어머니를 향해서 말했다.

〔어머니, 그렇게 걱정하지 않으셔도 돼요. 이젠 괜찮으니까요〕.

어머니도 뭔가 느꼈을 것이다. 대화 속에서 살짝 웃었다. 웃으니까 어머니는 훨씬 젊어보여 무척 아름다웠다.

〔좀더 자주 웃을 수 있으면 좋을 텐데, 어머니〕라고 마르틴이 말했다.

마르틴은 터널에서 겨우 빠져나왔던 것이다. 그러나 그것은 위험에 넘치는 과정이며, 사실 크리스토퍼의 죽음이라는 희생을 필요로 했다. 여기서 크리스토퍼의 죽음을 마르틴의 내면의 것으로 읽을 수 있다는 것을 알 수 있었는가? Ⅱ장 4절에 나타낸 P는 마지막 면담 바로 전 회에 가네곤의 무덤을 만들고 치료자가 〔매장된 가네곤이 P자신이라고 생각되어 가슴이 메이는 듯한 느낌이었다〕라는 것을 상기하기 바란다. 이때 P의 내면에는 크리스토퍼의 죽음과 매장과 같은 것이 생겨났다고 볼 수 있다. 한 인간의 성장의 흔적에는 많은 죽음과 매장, 애도가 넘치고 있으며 그 중에 하나도 빠질 수 없는 것이다. 한 발 한 발 힘껏 밟으면서 전진하는 것 없이, 이것에 접근하는 것은 불가능하다.

🐚 이성에게 접근하는 길

마르틴은 불안이나 공포를 느껴서 이성에게 천천히 접근해 간 반면, 크리스토퍼는 한 발 앞서서 빨리 성의 [체험]을 가졌다. 그러나 이것은 어떤 의미로서의 [체험]이라고 말할 수 있을까? 사실 그는 [그런 건, 아무 의미도 없다]고 말하고 있는 것이다. 그것은 의미가 없는 것이 아니라, 단지 의미를 찾아낼 수 없었던 것이다. 성적 관계를 가진다는 점에서만 말한다면, 어떤 동물도 할 수 있는 것으로 그것만으로 별로 특별한 것이 아니다. 거기에서 어떤 의미를 찾는 것이 인간으로서의 특징인 것이다.

이성에 대한 접근의 길은 본서에서 나타낸 것처럼 단계가 있으며, 많은 장애를 뛰어넘지 않으면 안 된다. 크리스토퍼는 불행하게 최초의 모자 일체감이라는 장애에서 걸리고 말았던 것이다. 혼에 깊은 상처를 받은 크리스토퍼를 그의 아버지는 열심히 질책하여 [공부]에 밀어 넣었다. 그렇지만, 그에게 필요한 것은 라틴어나 수학이 아니다. 이 점을 알아차린 울리게는 모성적 감정에 의해 몸을 맡긴 것이다. 그러나 그와 같은 행위는 성공하지 못하는 경우가 많다. 의식적으로 움직이는 것과 무의식적인 마음의 흐름이 잘 맞아 들어가지 않았기 때문이다. 그것은 남성과 여성의 결합인지, 모자강간인지, 뭔지 모르는 상태에서 끝나버리기 때문에 크리스토퍼가 정직하게 말한 대로 [일시적인 안정도 얻을 수 없었던] 것이다. 그에게는 성의 체험을 하기 전에 넘어야만 할 장애가 너무도 많았던 것이다.

💮 좋은 아버지란

이것에 비하여 마르틴의 속도는 느린 것처럼 보일 것이다. 마지막에서도 여성의 〔손을 쓰다듬고 싶다는 기분으로 가득하지만 용기가 없었다〕. 그러나 사실은 이 정도의 속도가 좋은 것이 아닐까? 〔나는 언젠가, 그 용기가 나올 것을 확실히 알았기〕때문이다. 그는 그다지 칭찬할 만한 방법은 아니지만, 아버지를 향하고 있다. 그리고 아버지도 훌륭한 반응을 보여 주었다. 마르틴의 아버지는 자신을 〔이상적인 아버지라든지 그런 것은 아니겠지만〕이라고 말하고 있다. 크리스토퍼의 아버지는 국철의 관리직으로 성공한 사람이다. 그것에 비해 마르틴의 아버지는 좌절한 사람으로 〔전기제품의 잡동사니를 가지고 뛰어다니거나〕하고 있다. 그러나 진정한 의미에서 어느 쪽의 아버지가 훌륭하다고 말할 것일까?

마르틴은 아버지의 좋은 점을 확실히 느낀 후, 울리게를 만나 이성에 대하여 언젠가 용기가 나올 것이라는 확신을 가진다. 그리고 집에 돌아와 어머니의 미소짓는 얼굴을 아름답다고 생각하여 어머니가 젊고 예쁘다는 것을 확인한다. 아마 그 전까지는 마르틴에게 있어서 어머니는 뭐든지 그를 삼키려고 달려드는 귀신의 모습처럼 보였을지도 모른다. 이성에 대한 접근은 세계에 대한 접근이다. 진정한 마음으로 이성에게 접근하려고 한다면 그 외의 많은 일도 하라고 강조하는 것이다. 이성에 대한 접근을 시도하려는 사람은 그 단계에 따른 일을 하나 하나 잘 다루지 않으면 안 되며 그것은 생각보다 먼길인 것이다.

저자후기 …

본서의 의도에 대해서는 이미 이야기를 시작하며 부분에 언급한 바 있다. 그래도 아이들의 우주라는 너무 큰 제목을 붙였다는 느낌이 없지 않다. 그러나 이것은 아이들이 가진 넓고 깊은 세계를 어떻게든 독자에게 전하고 싶다는 마음에서였다는 사실을 이해해주기 바란다. 우주라고 말은 하면서 태양계 정도밖에는 말하지 않았다는 비판은 기꺼이 받아들일 생각이다. 필자의 역량은 아직 그 정도였을 것이다.

그러나 본서에서 소개된 아동문학은 참으로 훌륭한 것이 많으므로 독자가 반드시 원작을 읽고, 스스로가 그 작품의 의미에 대하여 생각해보기 바란다. 반드시 새로운 것을 발견할 수 있을 것이다.

어린이의 놀이치료의 예도 약간 소개하였는데, 그것은 아동 심리치료라고 하면 으레 어린이를 분석하거나 깊이 탐색하는 것이라고 생각하는 사람이 있어서 그러한 오해를 풀기 위하여 언급했던 것이다. 치료는 어디까지나 아이들의 우주에 대한 경의의 마음을 기초로 하여 이루어지는 것이다.

스스로가 교육자, 지도자라고 생각하고 있는 사람들은 경의할 만한 존재에 대하여 억압하고 죽이는 일에 얼마나 많이 가담하고 있는지를 깨달았으면 한다. 영혼의 살해가 제도나 법률에 의해 방지되기를 기대함은 불가능하다. 그것은 개인 한 명 한 명의 깊은 자각에 의해서만 가능하다. 본서를 쓰고 있는 동안에 때로는 영혼 살해 방지 캠페인처럼 되어서 격렬한 언어를 토한 곳도 있는데, 아이들의 영혼에 대해 생각하면 나도 모르게 큰소리를 내게 된다는 점은 양해해주기 바란다. 아이들의 영혼의 외침은 누구의 귀에도 닿지 않고 허공에서 허무한 메아리로 되돌아올 뿐일 때도 많다.

본서는 일반 독자들이 부담없이 읽을 수 있는 책이라 조금이라도 더 많이 전하고 싶다는 마음에서 지금까지 발표한 것이 조금 중복되고 있다는 점도 아울러 양해를 구하고 싶다. 이 책을 계기로 독자들이 어린이의 무한한 우주 속으로 보다 깊이 들어가게 된다면 참으로 행복하겠다.

귀중한 사례를 여기에 인용할 수 있도록 허락해준 치료자들에게 깊은 감사의 말을 보낸다. 모든 사례는 전문지에서 발표한 것을 내가 나름대로 요약했으므로 원래의 깊이나 추진력이 잘 전달되었을지 걱정이 앞선다. 놀이치료의 장면에서 아이들이 나타낸 경탄할 만한 장대함을 가능한 많은 사람에게 알리고 싶다는 바람을 가지고 있으나, 그것을 전하는 일은 상당히 어려운 작업이다. 예를 인용하게 해준 치료자에게 각각 허락을 얻었지만 'K군과 거북이'의 예만은 이야기를 해준 선생님의 성함과 학교명을 잊어버렸다. 죄송하지만 상당히 오래전 일이며 훌륭한 이야기이기 때문에 허락없이 여기서 언급하였다. 지면을 빌려서 감사의 뜻을 전한다.

본서가 나오기 까지 이와나미서점 편집부의 호시누마 마사꼬씨의 힘이 컸다. 매사에 느긋한 필자를 격려하거나 재촉하면서 오늘에 책이 나올 수 있게 한 노력에 마음으로부터 감사한다.

1987년 8월

河合集雄 著

『아이들의 우주』를 지은 ··

가와이 하야오(河合隼雄)는 1928년 일본에서 태어나 교토(京都)대학 이학부를 졸업한 후, 스위스에 있는 융연구소에 유학하여 분석심리가 자격을 획득하였다. 그후 일본에 융심리학을 확립시키는 데 공헌하였다. 교토대학교 교육학부 교수를 거쳐 현재 국제일본문화연구센터 소장으로 재직중이다.

저서로는 「마음의 처방전」「가와이 하야오 저작집」「옛날 이야기의 심층」「당신이 아이였을 때」「환상을 읽는다」 등 다수가 있다.

『아이들의 우주』를 옮긴 ··

김유숙은 서울여자대학교 교육심리학과를 졸업한 후 일본의 도쿄(東京)대학교 의학부에서 임상심리학을 전공하였다. 현직 서울여자대학교 교육심리학과 교수로 재직중이면서 和元교육연구소에서 어려움을 겪는 아이들과 만나고 있다.

아이들의 우주

인 지

1997년 2월 5일 1판 1쇄 발행
2009년 4월 20일 1판 4쇄 발행

지은이 • 가와이 하야오
옮긴이 • 김 유 숙
펴낸이 • 김 진 환
펴낸곳 • **학지사**

121-837 서울시 마포구 서교동 352-29 마인드월드빌딩 5층
전　화 • 330-5114(대) / 팩스 324-2345
등　록 • 1992년 2월 19일 제2-1329호
http://www.hakjisa.co.kr
ISBN 978-89-7548-123-9 03370

정가 7,000원

파본은 구입처에서 교환하여 드립니다.